essentials

essentials liefern aktuelles Wissen in konzentrierter Form. Die Essenz dessen, worauf es als „State-of-the-Art" in der gegenwärtigen Fachdiskussion oder in der Praxis ankommt. *essentials* informieren schnell, unkompliziert und verständlich

- als Einführung in ein aktuelles Thema aus Ihrem Fachgebiet
- als Einstieg in ein für Sie noch unbekanntes Themenfeld
- als Einblick, um zum Thema mitreden zu können

Die Bücher in elektronischer und gedruckter Form bringen das Expertenwissen von Springer-Fachautoren kompakt zur Darstellung. Sie sind besonders für die Nutzung als eBook auf Tablet-PCs, eBook-Readern und Smartphones geeignet. *essentials:* Wissensbausteine aus den Wirtschafts-, Sozial- und Geisteswissenschaften, aus Technik und Naturwissenschaften sowie aus Medizin, Psychologie und Gesundheitsberufen. Von renommierten Autoren aller Springer-Verlagsmarken.

Weitere Bände in dieser Reihe http://www.springer.com/series/13088

Jochen Theurer

Resilienz in rechtsberatenden Berufen

Strategien zur Erhöhung
der eigenen Selbstwirksamkeit

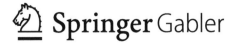

Jochen Theurer
Stuttgart, Deutschland

ISSN 2197-6708   ISSN 2197-6716   (electronic)
essentials
ISBN 978-3-658-17214-5   ISBN 978-3-658-17215-2   (eBook)
DOI 10.1007/978-3-658-17215-2

Die Deutsche Nationalbibliothek verzeichnet diese Publikation in der Deutschen Nationalbiblio-
grafie; detaillierte bibliografische Daten sind im Internet über http://dnb.d-nb.de abrufbar.

Springer Gabler
© Springer Fachmedien Wiesbaden GmbH 2017

Gedruckt auf säurefreiem und chlorfrei gebleichtem Papier

Springer Gabler ist Teil von Springer Nature
Die eingetragene Gesellschaft ist Springer Fachmedien Wiesbaden GmbH
Die Anschrift der Gesellschaft ist: Abraham-Lincoln-Str. 46, 65189 Wiesbaden, Germany

Dr. Jochen Theurer

Was Sie in diesem *essential* finden können

- Die besten Strategien für mehr Selbstwirksamkeit in der Kanzlei
- Effektive Wege zu mehr Zufriedenheit und Gelassenheit
- Prägnante Darstellung der wirksamsten Techniken aus der Coachingpraxis

Inhaltsverzeichnis

Einleitung 1

Resilienz ist die Kunst, in stürmischen Zeiten einen klaren Kopf zu behalten. Das ist gerade für Rechtsanwälte, Steuerberater und Wirtschaftsprüfer eine entscheidende Fähigkeit. Denn wer heutzutage in einem rechtsberatenden Beruf arbeitet, hat es oft nicht leicht. Die verschiedensten Erwartungen und Anforderungen lasten auf einem. Die Mandanten und Klienten wollen möglichst schnell und möglichst umfassend beraten. Wer angestellt ist, muss zusätzlich noch den Erwartungen und Wünschen seines Vorgesetzten gerecht werden. Das ist in den letzten Jahren dank der gigantisch angestiegenen Informationsdichte nicht gerade leichter geworden. Jedes Jahr werden tausende neuer Gerichtsentscheidungen veröffentlicht und sind über elektronische Datenbanken sofort verfügbar.

Hinzu kommen zwei Umstände, die bei Menschen in rechtsberatenden Berufen immer wieder zu unguten Gefühlen führen. Zum einen sind Rechtsanwälte, Steuerberater und Wirtschaftsprüfer „Dienstleister". Rechtsberater helfen anderen dabei, ihre Vorhaben, Projekte oder Geschäfte möglichst erfolgreich durchzuführen – aber Rechtsberater schaffen selbst nichts eigenes, nichts bleibendes. Die meisten Schriftsätze, Gutachten oder Testate werden nach einmaligem Durchlesen abgeheftet oder landen im Papierkorb. Wenn ein Rechtsberater seine Kanzlei nach 30 Jahren schließt, bleibt nichts zurück.

Zum anderen sind Rechtsberater immer vom guten Willen anderer Personen abhängig. Sie können sich noch so sehr in einen Fall hineinknien, entscheiden tun letztlich andere. Wenn der Richter den Angeklagten verurteilen will, nützen die besten Argumente des engagiertesten Strafverteidigers nichts.

Schließlich sind auch die Umweltfaktoren in den letzten Jahren nicht gerade besser geworden. Die Funkbelastung, die durch Handy, Headset und WLAN erreicht in manchem Büro Werte, die früher undenkbar waren. Gentechnisch veränderte Lebensmittel wie Weizen, Soja oder Mais, mit Medikamenten versetztes

© Springer Fachmedien Wiesbaden GmbH 2017   1
J. Theurer, *Resilienz in rechtsberatenden Berufen,* essentials,
DOI 10.1007/978-3-658-17215-2_1

Fleisch und Milch von hochgezüchteten Turbokühen sorgen auch nicht gerade dafür, dass das tägliche Essen in der Kantine zum allgemeinen Wohlbefinden beiträgt. Und wer bewegt sich nach einem 10- oder 12 h sitzenden Arbeitstag noch regelmäßig? Das alles führt zu Stress. Psychische und physische Probleme nehmen zu. Wer fühlt sich denn noch wirklich wohl und rundum zufrieden?

Menschen in rechtsberatenden Berufen wissen viel über Recht und Gesetz, aber wenig darüber, wie man mit den gestiegenen Anforderungen erfolgreich umgehen kann. Dabei ist das gar nicht so schwer. Es gibt eine ganze Reihe von Strategien und Techniken, die genau dafür geschaffen wurden. Und auf den nächsten 40 Seiten lernen Sie sie kennen: Die besten Strategien um Ihre Selbstwirksamkeit zielgerichtet zu erhöhen.

Worunter Rechtsberater leiden 2

Auf den ersten Blick scheinen Rechtsberater einen ziemlich angenehmen Beruf zu haben. Sie sitzen in einem warmen Büro am Schreibtisch. Harte körperliche Arbeit ist ihnen fremd. Und dafür werden viele auch noch außerordentlich gut bezahlt.

Doch immer dann, wenn die materiellen Probleme weniger werden, nehmen die psychischen und emotionalen Schwierigkeiten zu. Heutzutage leiden Menschen in rechtsberatenden Berufen vor allem an folgenden Dingen:

Fremdbestimmung	Man kann über das, was man tut und wie man seine Zeit einteilt nicht mehr selbst entscheiden.
Zeitdruck	Man hat nicht genügend Zeit, um alle anstehenden Aufgaben in Ruhe zu erledigen und häufig gibt es von Dritten vorgegebene Fristen und Termine.
Selbstwerteinbruch	Man hat das Gefühl, nicht gut genug zu sein oder versagt zu haben.
Revierkonflikte	Jemand anderes macht einem das eigene Revier streitig, sei es ein externer Wettbewerber oder ein interner Konkurrent.

Diese negativen und einschränkenden Emotionen können die Lebensfreude stark vermindern. Je länger so ein Zustand andauert, desto anstrengender und gefährlicher wird es. Man sollte diese Emotionen deshalb so schnell wie möglich auflösen – am besten indem man selbst handelt.

2.1 Fremdbestimmung

Fremdbestimmung bedeutet, dass man über das, was man tut und wie man seine Zeit einteilt, nicht selbst entscheiden kann. Stattdessen entscheiden andere. Das zeigt sich in vielen Situationen: Als angestellter Berufeinsteiger oder als junger

© Springer Fachmedien Wiesbaden GmbH 2017
J. Theurer, *Resilienz in rechtsberatenden Berufen,* essentials,
DOI 10.1007/978-3-658-17215-2_2

Associate beschäftigt man sich nicht mit den Fällen, die einen am meisten interessieren, sondern man bekommt von seinem Chef Akten vorgesetzt, die man abarbeiten muss. Viele Termine werden willkürlich von Richtern festgesetzt, ohne dass man als Rechtsanwalt, Steuerberater oder Wirtschaftsprüfer darauf Einfluss hat. Wie lange eine Verhandlung dauert, bestimmt ebenfalls der Richter. Externe Fristen kommen auch von Mandanten oder ergeben sich aus dem Gesetz. Doch nicht nur in zeitlicher Hinsicht gibt es Fremdbestimmung. Der Gruppendruck unter Juristen ist gigantisch. Je größer die Kanzlei, desto gleichförmiger in der Regel das Verhalten. Das beginnt bei der inoffiziellen Kleiderordnung und geht über die ständige Erreichbarkeit für die Mandanten bis zu den Themen, über die man gefahrlos sprechen darf. Der Gipfel der Fremdbestimmung ist erreicht, wenn gestandene Rechtsanwälte zu Beginn meiner Seminare stock und steif behaupten, eine Verhaltensänderung sei selbst dann nicht möglich, wenn sie von allen Partnern der Kanzlei gewollt ist.

Das Gefühl mangelnder Selbstbestimmung kann für denjenigen, der davon betroffen ist, eine große Belastung darstellen. Was kann man dagegen tun?

Zunächst müssen Sie sich darüber klar werden, in welchen Bereichen Sie eigentlich unfreiwillig fremd bestimmt sind. Geht es dabei um die Gestaltung Ihres Tagesablaufs? Sind es bestimmte Verhaltensweisen, die andere von Ihnen erwarten? In welchen Situationen fühlen Sie sich immer wieder fremd bestimmt?

Überlegen Sie für sich: In welchen Bereichen und Situationen sind Sie am meisten unfreiwillig fremd bestimmt?

1. _____

2. _____

3. _____

Im nächsten Schritt müssen Sie sich klar machen, dass Sie niemand zu all dem zwingen kann. Alles was Sie tun, machen Sie freiwillig. Niemand zwingt Sie mit Gewalt, jeden Tag 12 h im Büro zu bleiben, obwohl Sie gerne etwas ganz anderes machen würden. Es ist auch kein Naturgesetz, das Sie dazu bringt, regelmäßig mit der Abteilung in der Kantine zu essen oder bei Geburtstagsfeiern immer wieder denselben belanglosen Small Talk zu führen. All das ist Ihre ganz persönliche Entscheidung. Sie allein sind es, der sich in diese „freiwillige Knechtschaft" begibt. Das ist die schlechte Nachricht.

Die gute Nachricht ist: Sie haben es auch selbst in der Hand, mehr Selbstbestimmung zu erreichen. Denn es gibt immer andere Möglichkeiten:

Abwarten

Manchmal hilft es schon, wenn man die zeitliche Perspektive in den Blick nimmt. Stellen Sie sich vor, wie die Situation in einigen Jahren aussieht. Vielleicht sind Sie dann selbst Partner und es gibt niemanden mehr, der Ihnen Vorgaben macht. Lohnt es sich, für dieses (Fern-)Ziel die momentane Fremdbestimmung temporär noch in Kauf zu nehmen?

Verändern

Welche Möglichkeiten gibt es, die derzeit empfundene Fremdbestimmung zu beeinflussen? Was könnten Sie konkret ändern? So manche knappe Frist lässt sich einfach dadurch entschärfen, dass man den Richter, Mandanten oder Vorgesetzten um eine Verlängerung bittet. Viele externe zeitliche Vorgaben sind letztlich nur willkürlich festgesetzt und können ohne Weiteres verlängert werden. Man muss sich nur trauen, nachzufragen.

Gehen

Wenn es völlig unerträglich wird – dann beenden Sie es. Machen Sie Schluss damit. Sie hassen die ständigen Vorgaben Ihres Chefs? Dann wechseln Sie in eine andere Abteilung oder machen Sie sich selbstständig. Es ist es besser, den Job zu verlieren, als die Lebensfreude oder die Gesundheit. Und am Ende werden Sie erleichtert feststellen, dass die im Vorfeld befürchteten Katastrophen gar nicht eingetreten sind. Im Gegenteil: Eine Veränderung, die zu mehr Selbstbestimmung führt, macht fast immer glücklicher, gesünder und (beruflich) erfolgreicher.

2.2 Zeitdruck

Zeitdruck bedeutet, dass man nicht genügend Zeit hat, um alle anstehenden Aufgaben in Ruhe zu erledigen. Das liegt entweder daran, dass man zu viele Aufgaben hat. Zeitdruck entsteht aber auch dann, wenn die Frist, innerhalb derer man eine bestimmte Aufgabe erfolgreich erledigen möchte, sehr kurz bemessen ist.

Beispiel

- Der Vorgesetzte überhäuft einen mit vielen verschiedenen Aufgaben, die alle möglichst schnell erledigt werden sollen.
- Die Frist für den Berufungsschriftsatz läuft morgen ab.
- Der Mandant verlangt eine Antwort auf sein Problem in den nächsten 2 h.

Die Lösung, wie man mit Zeitdruck am besten umgeht, ist simpel: Zeitmanagement. Zeitmanagement ist der Oberbegriff für all die Strategien, Techniken und Lösungsansätze, die Menschen dabei helfen, ihre Zeit effizient und effektiv zu nutzen. Leider lernt man das als Rechtsanwalt, Steuerberater oder Wirtschaftsprüfer in der Regel weder systematisch in der langjährigen Ausbildung, noch im Berufsleben.

In meiner langjährigen Erfahrung als Zeitmanagement-Coach für Rechtsanwälte haben sich folgende Fähigkeiten im juristischen Bereich als besonders erfolgreich erwiesen:

- Wissen, was man will
- Prioritäten setzen
- Konzentriert arbeiten
- effiziente Arbeitstechniken nutzen

Veränderungen in diesen drei Bereichen führen oft zu dramatischen Verbesserungen im Umgang mit der eigenen Zeit. Deshalb beschäftigen sich die Kap. 4, 5 und 7 ausschließlich mit den damit zusammenhängenden Strategien. Nach diesem Crashkurs in Zeitmanagement wird sich auch Ihr Zeitdruck spürbar verringern!

2.3 Selbstwerteinbruch

Ein Selbstwerteinbruch liegt vor, wenn man das Gefühl hat, nicht gut genug zu sein oder versagt zu haben. Das kann völlig unterschiedliche Facetten des Beruf- oder Privatlebens betreffen:

Beispiel
- Herr Meyer fühlt sich ungerecht behandelt, weil die Richterin seiner Argumentation nicht gefolgt ist und seinen Mandanten verurteilt hat.
- Herr Schwarz ist verzweifelt. In den letzten 30 Jahren hat er es mit viel Herzblut und enormem zeitlichen Einsatz geschafft, seine Einzelkanzlei zu einer spezialisierten Arbeitsrechtskanzlei mit 5 Partnern und 12 angestellten Rechtsanwälten zu vergrößern. Doch in den letzten beiden Jahren ging es wirtschaftlich bergab. Die beiden größten Mandanten sind insolvent gegangen – und auch Herr Schwarz fürchtet um die Zukunft seines Unternehmens.
- Sabine Hurtig hat sich nach dem Referendariat als Rechtsanwälten selbstständig gemacht. Doch auch jetzt, 3 Jahre später, läuft es noch nicht richtig. Um

über die Runden zu kommen, muss Sabine immer noch als Aushilfe im Supermarkt arbeiten. Während ihre Kollegen vom Referendariat beruflich längst Fuß gefasst haben, hat Sabine das Gefühl, einfach nicht vorwärtszukommen.

Zu einem Selbstwerteinbruch kommt es bei Menschen in juristischen Berufen regelmäßig auch dann, wenn sie das Gefühl haben, dass mit ihrem Körper etwas nicht in Ordnung ist. Das können unästhetische Stellen sein (zum Beispiel Fettpolster, Falten, Haarausfall) oder Situationen, in denen der Körper nicht mehr richtig funktioniert und unerwünschte Dinge wie Impotenz oder Inkontinenz auftreten.

Problematisch an diesen emotionalen Selbstwerteinbrüchen ist, dass sie zu körperlichen Symptomen führen können (vor allem im Skelettbereich). Behandelt man dann nur isoliert diese körperlichen Symptome (z. B. Kopf- oder Rückenschmerzen) und nicht den auslösenden Selbstwerteinbruch, kommt man nie zur Ruhe. Äußerlich schmerzen einen die regelmäßig wiederkehrenden körperlichen Probleme. Innerlich belastet der Selbstwerteinbruch das emotionale Gleichgewicht.

Um diesen Teufelskreis zu durchbrechen, gibt es zwei Strategien: Entweder Sie ändern Ihre Einstellung zu der Situation – oder Sie lösen den zugrunde liegenden emotionalen Konflikt.

Beispiel

- Herr Meyer macht sich klar, dass praktisch jedes Urteil juristisch korrekt begründbar ist. Dass sein Mandant verurteilt wurde, hat deshalb weniger mit seinen juristischen Fähigkeiten zu tun, sondern vor allem mit den subjektiven Einstellungen der entscheidenden Richterin.
- Herrn Schwarz gelingt es durch verstärkte Akquisemaßnahmen, so viele neue Mandanten zu gewinnen, dass die Zukunft seiner Kanzlei dauerhaft gesichert ist.
- Sabine Hurtig lässt sich von einem Strategiecoach beraten und positioniert ihre bisherige Allgemeinkanzlei nunmehr klar und eindeutig im Bereich Strafrecht. Nach einem halben Jahr ist ihr Umsatz so hoch, dass sie keinen Nebenjob mehr braucht.

2.4 Revierkonflikte

Ein Revierkonflikt liegt vor, wenn einem jemand anderes das eigene Revier streitig macht, sei es ein externer Wettbewerber oder ein interner Konkurrent. Revierprobleme treten in vier unterschiedlichen Varianten auf:

Reviermarkierung	Rechtsanwältin Bader empört sich innerlich fast jeden Tag darüber, dass ihre Kollegen sich regelmäßig Kommentare und andere Fachliteratur aus ihrem Büro holen – ohne Frau Bader zuvor zu fragen. Sie traut sich jedoch nicht, dieses Thema anzusprechen und klar zu sagen, dass ihr Büro während ihrer Abwesenheit für andere tabu ist.
Revierangst	Martin Schneider hat sich als bislang einziger Anwalt in seinem 80.000 Einwohner-Städtchen auf Abschiebehaftrecht spezialisiert. Nun hat er munkeln hören, dass eine neue Kollegin ebenfalls schwerpunktmäßig in diesem Rechtsgebiet tätig sein will. Herr Schneider fürchtet, dass er dadurch einen nicht unerheblichen Teil seiner bisherigen Fälle verlieren wird.
Revierärger	Die beiden Partner der Familienrechtskanzlei Kalle & Braun haben vereinbart, dass Herr Kalle ausschließlich Scheidungen und Folgesachen macht und Herr Braun für den Rest zuständig ist. Trotzdem hat Rechtsanwalt Braun im letzten Jahr immer wieder auch selbst Scheidungen bearbeitet – mit großem Erfolg. Darüber ärgert sich Rechtsanwalt Kalle sehr.
Revierverlust	Alexandra Fitzinger ist Associate in einer internationalen Großkanzlei. Am ersten Tag nach ihrem Urlaub wird sie ins Büro des Managing Partners gerufen. Dort wird ihr mitgeteilt, dass sie aufgrund eines Fristversäumnisses fristlos entlassen wird. Sie bekommt 30 min, um unter Aufsicht ihr Büro zu räumen. Frau Fitzinger ist völlig perplex und geschockt. Damit hätte sie nie im Leben gerechnet…

Ebenso wie im Fall des Selbstwerteinbruchs können auch emotional erlebte Revierprobleme zu körperlichen Symptomen führen können (z. B. Blase bei Reviermarkierung oder Leber bei Revierärger). Behandelt man dann nur isoliert die körperlichen Symptome und nicht den auslösenden Reviermarkierungskonflikt, kommt es nicht zu einer vollständigen Genesung.

Um diesen Teufelskreis zu durchbrechen, gibt es wieder zwei Strategien: Entweder Sie ändern Ihre Einstellung zu der Situation – oder Sie lösen den zugrunde liegenden emotionalen Konflikt.

Beispiel

- Rechtsanwältin Bader kauft sich einen abschließbaren Regalschrank. Darin schließt sie ihre Fachliteratur ein, wenn sie nicht im Büro ist.

- Nach einem Jahr ändert die zugezogene Konkurrentin ihren fachlichen Schwerpunkt auf Mietrecht. Martin Schneider ist ab sofort wieder der alleinige Platzhirsch.
- Rechtsanwalt Kalle macht sich klar, dass er jedes Jahr über 200 Scheidungen bearbeitet und gar nicht genug Zeit hätte, die paar Fälle, die sein Partner auf diesem Gebiet erledigt, mit zu bearbeiten.
- Alexandra Fitzinger bewirbt sich umgehend für den höheren Justizdienst. Nach einer Woche erhält sie eine Zusage. Zum nächsten Monatsersten fängt sie in ihrem neuen Revier am Amtsgericht als Zivilrichterin an.

Zusammenfassung
Menschen in rechtsberatenden Berufen leiden vor allem an

- Fremdbestimmung,
- Zeitdruck,
- Selbstwerteinbrüchen und
- Revierkonflikten.

Je länger so ein Zustand andauert, desto anstrengender und gefährlicher wird es. Diese negativen und einschränkenden Emotionen sollten deshalb so schnell wie möglich beseitigt werden – am besten indem man selbst handelt.

Selbstwirksamkeit in der Kanzlei 3

Selbstwirksamkeit ist sowohl ein Gefühl, als auch eine Fähigkeit, die man erlernen kann. Wer regelmäßig die Erfahrung macht, dass er durch sein eigenes Verhalten seine Umgebung und sein Leben positiv beeinflussen kann, fühlt sich selbstbewusster und zufriedener als jemand, der glaubt, den Umständen des Schicksals hilflos ausgeliefert zu sein. Je höher die subjektiv empfundene Selbstwirksamkeit, desto geringer der Stresspegel. Der Weg zu einer erhöhten Selbstwirksamkeit ist gerade für Menschen in rechtsberatenden Berufen oftmals eine gewaltige Herausforderung. Doch auch in einer Kanzlei gilt: Selbstwirksamkeit ist eine Fähigkeit, die sich lernen lässt.

3.1 Es ist möglich!

Ganz am Anfang steht die Erkenntnis: Es ist möglich! Sie können in jedem einzelnen Bereich Ihrer Kanzlei Ihre Selbstwirksamkeit spürbar steigern. Sie können insbesondere jeden der folgenden Bereiche wesentlich stärker beeinflussen, als Sie das möglicherweise derzeit noch glauben:

- Sie können Ihre Arbeitszeit verändern.
- Sie können Ihr Büro an Ihre Wünsche und Vorstellungen anpassen.
- Sie können mehr Mandate aus Ihrem Wunschrechtsgebiet bearbeiten.
- Sie können mehr, weniger oder andere Mitarbeiter haben.
- Sie können Ihre Zeit im Büro anders verbringen als bisher.
- Sie können Ihre Pausen anders organisieren oder für gewinnbringendere Tätigkeiten nutzen.
- Sie können Ihre Ernährung umstellen.
- Sie können Ihr Büro zu einer gesünderen Umgebung machen.

© Springer Fachmedien Wiesbaden GmbH 2017
J. Theurer, *Resilienz in rechtsberatenden Berufen*, essentials,
DOI 10.1007/978-3-658-17215-2_3

Überlegen Sie zunächst für sich selbst:

1. In welchen Bereichen möchten Sie Ihre Selbstwirksamkeit erhöhen?

   _____

   _____

2. Welche drei Dinge würden Sie am liebsten verändern?

   _____

   _____

3. Woran liegt es, dass Sie in diesen Bereichen noch nichts unternommen haben?

   _____

   _____

4. Wie verhalten sich die Menschen Ihrer Umgebung in diesen Bereichen?

   _____

   _____

5. Welche Menschen kennen Sie, die das schon leben, was Sie sich wünschen?

   _____

   _____

   _____

Grundsätzlich können Sie alles verändern – sowohl privat, als auch beruflich. Wir leben in einem freien Land. Niemand zwingt Sie dazu, jeden Tag in genau dieses Büro zu kommen, mit genau diesen Leuten zusammenzuarbeiten und genau diese Mandanten zu beraten. Alles was Sie tun, machen Sie freiwillig.

Schauen Sie sich in Ihrem Büro um. Betrachten Sie alle Gegenstände. Wie viele davon haben Sie selbst ausgewählt? Welche Dinge wurden von anderen Personen besorgt? Was würden Sie gerne austauschen – und wer könnte Sie daran hindern?

Dann denken Sie einmal über Ihren Arbeitsrhythmus nach. Wann kommen Sie morgens ins Büro? Wie kam es zu genau dieser Zeit? Wie lange arbeiten Sie abends? Warum hat Ihr Arbeitstag gerade diese Länge?

Oder die Fälle, die Sie bearbeiten. Wie sind Sie zu Ihrem Schwerpunktgebiet gekommen? War es eine bewusste Entscheidung? Sind Sie per Zufall hineingeschlittert? Wie lange Sie schon in diesem Bereich tätig? Wie lange wollen Sie noch solche Fälle bearbeiten?

Natürlich gibt es Faktoren, die selbstwirksames Verhalten begünstigen oder erschweren können:

- Vorbilder: Wer bereits erlebt hat, dass das, was man selber gerne täte, bei anderen funktioniert hat, wird mit mehr Zuversicht selbstwirksamer werden.
- Geld: Wer finanziell gut ausgestattet ist, kann es sich einfacher leisten, die Büroeinrichtung auszutauschen oder weniger zu arbeiten.
- Unterstützung: Wer sich regelmäßig mit Gleichgesinnten austauscht, wird sein Verhalten leichter verändern können.

3.2 Sie haben es verdient!

Machen Sie sich klar: Sie haben nur ein Leben. Jeder Tag, jede Stunde, jeder Moment, der vorbeigeht ist einmalig und nicht wiederholbar. Deshalb ist es völlig in Ordnung, wenn Sie von nun an Ihr Leben stärker selbst in die Hand nehmen und auch in der Kanzlei in den für Sie wichtigen Bereichen selbst entscheiden. Mehr Selbstwirksamkeit führt zu mehr Selbstbewusstsein und Zufriedenheit, zu mehr Gesundheit und Gelassenheit – und genau das haben Sie verdient.

Überlegen Sie für sich:

1. Was würde sich in Ihrem privaten und beruflichen Alltag positiv verändern, wenn Sie selbstwirksamer wären?

2. Welche positiven emotionalen Auswirkungen hätte das auf Ihr Leben?

Zusammenfassung

Je höher die subjektiv empfundene Selbstwirksamkeit, desto geringer der Stresspegel. Doch der Weg zu einer erhöhten Selbstwirksamkeit ist gerade für Menschen in rechtsberatenden Berufen oftmals eine gewaltige Herausforderung. Wichtig ist deshalb zunächst die Erkenntnis: Es ist möglich! Sie können in jedem einzelnen Bereich Ihrer Kanzlei Ihre Selbstwirksamkeit spürbar steigern. Und: Sie haben es verdient!

Erste Schritte zu mehr Selbstbestimmung

4

„Wer den Hafen nicht kennt, für den ist kein Wind günstig." – Dieses Zitat von Seneca kennen wohl die meisten Juristen aus ihrer Studien- und Repetitorienzeit. Und es stimmt. Nur wenn Sie wissen, wohin Sie wollen und was Ihnen wichtig ist, können Sie die richtigen Entscheidungen treffen – beruflich und privat. In diesem Kapitel erfahren Sie die ersten und zugleich wichtigsten Schritte auf dem Weg zu mehr Selbstbestimmung.

4.1 Wertehierarchie

Zunächst folgt eine Bestandsaufnahme: Was ist Ihnen wirklich wichtig? Wofür würden Sie morgens eine halbe Stunde früher aufstehen? Warum tun Sie das, was Sie tun? Oder anders ausgedrückt: Was sind Ihre wichtigsten Werte?

Beispiel

- Für Herrn Kronawitter ist der Wert „Gesundheit" sehr wichtig. Deshalb geht er dreimal pro Woche nach der Arbeit 45 Min joggen, ernährt sich salzarm und trinkt jeden Tag mindestens 2 Liter Leitungswasser.
- Frau Schmälz liebt den „beruflichen Erfolg". Dafür investiert Sie jeden Tag mindestens 12 h in die Arbeit, macht maximal drei Wochen im Jahr frei und verzichtet auf jede Art von Hobby.
- Der aufstrebende Junganwalt Hannes kommt aus einfachen Verhältnissen und sehnt sich nach „Reichtum". Obwohl er sich im Studium durchaus für Strafrecht interessierte, heuert er direkt nach dem Referendariat für ein sechsstelliges Einstiegsgehalt als Associate bei einer internationalen Wirtschaftskanzlei an.

© Springer Fachmedien Wiesbaden GmbH 2017   15
J. Theurer, *Resilienz in rechtsberatenden Berufen,* essentials,
DOI 10.1007/978-3-658-17215-2_4

Finden Sie nun heraus, was Ihre wichtigsten Werte sind. Sie können diese Übung ganz allgemein für Ihr Leben machen oder auch bezogen auf verschiedene Situationen oder Kontexte („Beruf", „Im Umgang mit Mitarbeitern und Mandanten", „Mandatsbearbeitung" usw.):

1. Welche Werte sind Ihnen in dem gewählten Kontext wichtig? Notieren Sie jeden Wert auf einem einzelnen Zettel.
2. Vergleichen Sie dann zwei der gefundenen Werte miteinander. Welcher dieser beiden Werte ist Ihnen wichtiger? Worauf würden Sie notfalls eher verzichten können?
3. Vergleichen Sie dann den wichtigeren Wert mit einem weiteren der von Ihnen in Schritt 1 gefundenen Werte.
4. Wiederholen Sie die Schritt 2 und 3 so lange, bis Sie Ihren wichtigsten Wert für den betrachteten Kontext gefunden haben.
5. Wenn Sie möchten, können Sie die noch verbleibenden Werte nehmen und Ihren zweit-, dritt- und viertwichtigsten Wert bestimmen.

Welche Werte sind Ihnen in der Kanzlei am wichtigsten?

_____

_____

_____

Welche Werte sind Ihnen ganz allgemein wichtig?

_____

_____

_____

Die Kenntnis Ihrer Werte hilft Ihnen, sinnvolle Ziele zu definieren und Prioritäten richtig zu setzen.

4.2   Ziele definieren

Wer genau weiß, was er will, erhöht schon dadurch die Wahrscheinlichkeit, dass er es auch schafft. Denn sinnvoll definierte Ziele werden von unserem Gehirn auch dann berücksichtigt, wenn es für uns unbewusst Entscheidungen trifft – was in 90 % aller Situationen der Fall ist. Zudem richten Ziele die Wahrnehmung aus und motivieren.

Schritt 1: Formulieren Sie Ihr Ziel „SMART"

- Spezifisch
- Messbar
- Attraktiv
- Realistisch
- Terminiert

Geben Sie genau an, wie der Endzustand sein soll. Legen Sie sich auf konkrete Zahlen fest:

Beispiel

- „Um 18 Uhr ist der Schriftsatz in der Sache Schulze fertig."
- „Dieses Jahr mache ich 300.000 € Umsatz."
- „In 6 Monaten bearbeite ich nur noch Mandate aus dem Arbeitsrecht."

Machen Sie Ihr Ziel so attraktiv wie möglich. Welche positiven Konsequenzen hat es, das Ziel zu erreichen? Welche guten Gefühle werden Sie dadurch bekommen?

Beispiel

- „Ab morgen delegiere ich jede Recherche in juris an meinen Mitarbeiter. Dadurch habe ich jeden Tag mindestens 1 h mehr Zeit für Akquise und mache mehr Umsatz. Dann leiste ich mir einen Lamborghini und werde von allen bewundert."

Formulieren Sie Ihr Ziel so, dass es einerseits zwar anspruchsvoll (und damit attraktiv) ist, andererseits aber trotzdem die Wahrscheinlichkeit hoch ist, dass Sie es tatsächlich erreichen können. Untergliedern Sie größere Ziele ggf. in Teilziele.

Beispiel

- „Ich arbeite ab sofort jeden Tag nur noch 8 h." → „Ich arbeite ab sofort an mindestens einem Tag in der Woche nicht mehr als 8 h. Ab nächstem Jahr arbeite ich an mindestens zwei Tagen nicht mehr als 8 h usw."

Legen Sie einen konkreten Anfangs- bzw. Endtermin für Ihr Ziel fest. Falls nötig, bestimmen Sie zusätzliche – zeitlich festgelegte – Zwischenschritte:

Beispiel

- „Ich möchte meine Dissertation fertig schreiben." → „Am 31.12. diesen
  Jahres ist meine Dissertation fertig. Kapitel 1 schreibe ich bis zum 31. Mai,
  Kapitel 2 ist am 31. August fertig und Kapitel 3 am 30. November. Im
  Dezember überarbeite ich das Ganze dann nochmals."

Schritt 2: Feintuning

- Sehr effektiv ist es, wenn Sie Ihr Ziel positiv, ohne Vergleich und in der
  Gegenwart formulieren:
  „Ich möchte weniger schüchtern werden." → „Ich sage dem Kollegen Klöner,
  dass ich meine Kommentare sofort zurück haben will."
- Ziele sollten selbst erreichbar sein (= aus eigener Kraft, ohne dass Sie auf
  andere angewiesen sind):
  „Mein Chef soll mir mehr Geld geben." → „Ich sage meinem Chef, dass ich
  eine Gehaltserhöhung von mindestens 200 € monatlich möchte."
- Berücksichtigen Sie, welche Folgen Ihr Ziel möglicherweise hat. Wie wird es
  sein, wenn Sie das Ziel erreichen? Was wird sich ändern? Achten Sie dabei
  auch auf die Auswirkungen für Ihre Familienangehörigen, Ihren Partner/Ihre
  Partnerin, Ihre Freunde, Ihre Mitarbeiter und Ihre Mandanten.
- Nutzen Sie alle Sinne! Visualisieren Sie das Ziel – immer wieder. Wie fühlt es
  sich an, Ihr Ziel zu erreichen? Was hören, riechen oder schmecken Sie dabei?
  Malen Sie sich immer wieder ganz konkret aus, wie es ist, wenn Sie am Ziel
  sind…

Schritt 3 – Definieren Sie Ihr Ziel

1. Was möchten Sie erreichen?

   _____

   _____

2. Definieren Sie es noch konkreter/spezifischer:

   _____

   _____

3. Machen Sie es mit konkreten Zahlen „messbar":

   _____

   _____

4. Wie können Sie Ihr Ziel noch attraktiver formulieren?

   _____

   _____

5. Ist Ihr Ziel realistisch? Machen Sie es aber auch nicht zu klein.

_____
_____

6. Legen Sie einen konkreten Anfangs-/Endtermin fest:

_____
_____

7. Mein konkretes Ziel ist:

_____
_____

Viel Erfolg!

4.3 Work-Life-Balance

Nichts stärkt die eigene Selbstwirksamkeit so sehr, wie eine ausgeglichene Work-Life-Balance. Und auch umgekehrt gilt: Wer eine ausgeglichene Work-Life-Balance hat, handelt selbstbestimmt, berücksichtigt alle wichtigen Bereichen seines Lebens und ist dementsprechend mit sich in Einklang. Stress hat da keine Chance.

Doch gerade bei Menschen in rechtsberatenden Berufen kann es aufgrund der Arbeitsbelastung oder wegen Konflikten mit Mitarbeitern, Mandanten oder Vorgesetzten schnell dazu kommen, dass die einzelnen Lebensbereiche in eine Schieflage geraten. Häufig dominiert die berufliche Belastung alles andere. Das muss nicht schlecht sein (besonders in jungen Jahren, zu Beginn der Karriere), kann aber auf Dauer zu unerwünschten Nebenwirkungen führen.

Für eine ausgeglichene Work-Life-Balance kommt es letztlich nur darauf an, folgende Lebensbereiche in einen befriedigenden Ausgleich zu bringen:

Beruf	Alles, was mit Arbeit, Karriere, Leistung und Geld zu tun hat.
Gesundheit	Alles, was mit Körper, Psyche, Lebenserwartung, Ernährung usw. zusammenhängt.
soziale Beziehungen	Partner(in), Familie, Freunde, Kontakte, Anerkennung usw.
Lebenssinn	Alles, was die Themen Selbstverwirklichung, Sinn des Lebens, Religion usw. betrifft.

Der Weg zu einer guten Work-Life-Balance

1. Definieren Sie für jeden der vier Lebensbereiche Ihre wichtig(st)en Ziele:
Beruf:

_____

_____

_____

Gesundheit:

_____

_____

_____

Soziale Beziehungen:

_____

_____

_____

Lebenssinn:

_____

_____

_____

2. Bringen Sie Ihre Ziele aus den jeweiligen Bereichen in einen für Sie befriedigenden Ausgleich.

Das bedeutet nicht, dass Sie für jeden Bereich zwangsläufig exakt gleich viel Zeit aufwenden. Entscheidend ist vielmehr, dass langfristig alle Bereiche entsprechend berücksichtigt werden. Dabei werden Ihnen die im nächsten Kapitel vorgestellten Strategien zum Prioritäten setzen gute Dienste leisten.

Zusammenfassung

Nur wenn Sie wissen, wohin Sie wollen und was Ihnen wichtig ist, können Sie die richtigen Entscheidungen treffen – beruflich und privat. In diesem Kapitel haben Sie die ersten und zugleich wichtigsten Schritte auf dem Weg zu mehr Selbstbestimmung kennen gelernt:

- Wertehierarchie
- Ziele definieren
- Work-Life-Balance

Prioritäten setzen 5

Als Rechtsanwalt, Steuerberater oder Wirtschaftsprüfer müssen Sie sich ständig zwischen verschiedenen Alternativen entscheiden, insbesondere wenn die Zeit knapp ist:

- Welche von den aktuell anstehenden Aufgaben bearbeiten Sie zuerst? Was hat noch Zeit? Was können Sie delegieren?
- Womit sollen Sie morgens beginnen? Gleich an dem komplexen und umfangreichen Berufungsschriftsatz arbeiten – oder doch lieber erst mal die E-Mails lesen und ein bisschen im Internet surfen?
- Wie viel Zeit, Energie und Aufwand investieren Sie in die unterschiedlichen Aufgaben? Was muss möglichst perfekt sein? Wann genügt bloßes Abarbeiten? Und wann ist „quick and dirty" angesagt?
- Wie lange bleiben Sie im Büro? Bis alles erledigt ist – und wenn es dabei Mitternacht wird? Oder hören Sie rechtzeitig auf, um ins Theater oder zum Sport zu gehen?
- Wer darf Sie während der Arbeit unterbrechen? Haben Sie für jeden spontanen Besucher Zeit? Sind Sie telefonisch ständig erreichbar oder schalten Sie Ihr Handy regelmäßig aus?
- Nehmen Sie das neue Mandat noch an – oder schützen Sie Ihre knapp bemessene freie Zeit?
- Sagen Sie Ihren Kollegen, was Sie stört? Oder schlucken Sie weiter alles runter und schweigen – aus Angst vor einem möglichen Konflikt?

© Springer Fachmedien Wiesbaden GmbH 2017
J. Theurer, *Resilienz in rechtsberatenden Berufen,* essentials,
DOI 10.1007/978-3-658-17215-2_5

5.1   Das Wichtigste zuerst

Ganz egal was Sie tun und worum es geht: Wenn Sie in einem rechtsberatenden
Beruf tätig sind, gibt es in jeder Situation mehr als eine Alternative. Je nachdem, wie
und wofür Sie sich entscheiden, werden die Ergebnisse unterschiedlich ausfallen.
Deshalb ist es extrem wichtig, dass Sie jederzeit Herr des Geschehens bleiben.
Bei allem, was Sie tun, müssen Sie sich deshalb stets klarmachen, was das Wich-
tigste in der konkreten Situation für Sie ist:

• Welche der aktuell anstehenden Aufgaben/Tätigkeiten ist für meine Werte,
  Ziele und Work-Life-Balance am wichtigsten?

Stellen Sie sich diese Frage jedes Mal dann, wenn Sie eine neue Aufgabe oder
Tätigkeit beginnen oder wenn Sie vor der Entscheidung stehen, ob Sie Ihre der-
zeitige Aufgabe/Tätigkeit unterbrechen sollen, um etwas anderes zu tun. Wenn
Sie das regelmäßig machen, werden Sie drei Dinge feststellen: Zum einen ist die
Entscheidung in fast allen Fällen relativ eindeutig – vorausgesetzt Sie kennen Ihre
Werte, Ziele und Work-Life-Balance. Zum anderen werden Sie sich wahrschein-
lich häufig anders entscheiden, als es Ihrem ersten Impuls entspricht. Und drittens
werden Sie Ihre aktuelle Aufgabe seltener unterbrechen als bisher.
    Damit machen Sie zwar Ihrem Unterbewusstsein, das Abwechslungen liebt,
aber dabei die Fernziele vergisst, hin und wieder einen Strich durch die Rechnung. Auf Dauer wird Ihnen die Gewohnheit, das Wichtigste zuerst zu tun, aber
ein hohes Maß an Selbstwirksamkeit verschaffen. Schließlich machen Sie dann
immer mehr das, was Ihren Werten, Zielen und Work-Life-Balance entspricht.

5.2   Entscheidungsstrategien

In diesem Abschnitt stelle ich Ihnen einige bewährte und effektive Entschei-
dungsstrategien vor. Diese Verfahren helfen Ihnen, schnell und einfach diejenige
Alternative zu finden, die für Ihre Werte, Ziele und Work-Life-Balance am besten
geeignet ist. Dadurch haben Sie es selbst in der Hand, Ihre Zeit mit den Dingen
zu verbringen, die Ihnen wichtig sind. Ein weiterer wichtiger Schritt zu mehr
Selbstwirksamkeit.

Folgen-Matrix

Die Folgen-Matrix eignet sich bestens, um zwischen mehreren Alternativen eine sinnvolle Abwägung zu treffen. Dabei gehen Sie wie folgt vor:

1. Zeichnen Sie eine Matrix auf ein Blatt Papier. Schreiben Sie in die 1. Zeile die Möglichkeiten, zwischen denen Sie sich entscheiden müssen.
2. Schreiben Sie in die 2. Zeile die positiven Folgen, die sich aus den jeweiligen Alternativen für Sie ergeben (oder die Argumente, die für diese Alternative sprechen).
3. Schreiben Sie in die 3. Zeile die negativen Folgen, die sich aus den jeweiligen Alternativen für Sie ergeben (oder die Argumente, die gegen diese Alternative sprechen).
4. Fragen Sie sich dann: Welche Alternative ist für Sie am besten?

Beispiel

Wenn Sie vor der Frage stehen, ob Sie für die Erstellung eines Gutachtens drei volle Arbeitstage investieren sollen, um es möglichst perfekt zu machen – oder ob ein „nur" gutes Ergebnis genügt, das Sie innerhalb von 3 h schaffen, könnte Ihre Folgen-Matrix so wie in Tab. 5.1 aussehen:

Eisenhower-Prinzip

Beim Eisenhower-Prinzip bestimmt man die Priorität der anstehenden Aufgaben nach den Kriterien Dringlichkeit und Wichtigkeit. „Dringend" ist dabei alles, was sofort oder zumindest möglichst bald erledigt werden muss. Was „wichtig" ist, hängt von Ihren subjektiven Werten, Zielen und Work-Life-Balance ab. Die Aufgabe ist

… *wichtig* und *dringend*	Die Verjährungsfrist läuft heute ab. → Kümmern Sie sich sofort darum.
… *wichtig,* aber *nicht dringend*	Die Verjährungsfrist läuft in zwei Wochen ab. → Legen Sie einen konkreten Termin fest, wann Sie sich darum kümmern.

Tab. 5.1 Folgen-Matrix – gut oder perfekt?

	Perfekt	Gut
Pro	Der Auftraggeber ist beeindruckt von Ihrem präzisen und detaillierten Arbeitsstil	Der Auftraggeber erhält das Gutachten zum vereinbarten Termin – nämlich heute um 18 Uhr
Contra	Der Auftraggeber will das Gutachten nicht in drei Tagen, sondern heute Abend	Sie können nur die relevanten BGH-Entscheidungen einarbeiten, nicht aber die OLG-Rechtsprechung

| *... nicht wichtig,* aber *dringend* | Der Paketbote steht vor der Tür und will etwas für Ihren Kollegen abgeben. → Delegieren Sie es (wenn möglich). |
| *... weder wichtig, noch dringend* | In Ihrem Postfach ist eine SPAM-Mail → Weg damit. |

Gut oder perfekt?

Rechtsanwälte, Steuerberater und Wirtschaftsprüfer stehen häufig vor der Frage, ob sie eine bestimmte Aufgabe möglichst perfekt machen sollen, oder ob ein „nur" gutes Ergebnis genügt. Zwischen den beiden Varianten liegen oft viele Stunden Arbeitszeit. Fragen Sie sich deshalb immer, bis zu welchem Grad sich der zeitliche Mehraufwand noch lohnt. Da man juristische Fragen im Prinzip unendlich lang diskutieren kann – denn Rechtsansichten sind nie richtig oder falsch, sondern nur mehr oder weniger überzeugend – müssen Sie letztlich immer einen Kompromiss zwischen Qualität und Zeit eingehen.

Um eine sinnvolle Entscheidung zu treffen, helfen folgende Fragen:

- Was erwartet Ihr Chef oder Ihr Auftraggeber von Ihnen? Warum hat er Ihnen diese Aufgabe übertragen? Ist die „perfekte" Qualität für das Ziel Ihres Chefs oder Ihres Auftraggebers wirklich erforderlich?
- Welche positiven und negativen Folgen hätte es, wenn Sie die Aufgabe „nur" gut machen? Wie könnten Sie die eingesparte Zeit nutzen?
- Möchten Sie durch die lange Arbeit für ein perfektes Ergebnis vermeiden, sich anderen Aufgaben widmen zu müssen, die schwieriger, unangenehmer oder weniger spannend sind?

Wertehierarchie

Nutzen Sie Ihre Wertehierarchie, um sich für eine der zur Auswahl stehenden Alternativen zu entscheiden.

Beispiel

- Für Rechtsanwältin Plunder ist der Wert „Gesundheit" wichtiger als „Anerkennung". Deshalb entscheidet sie sich dafür, den Schriftsatz in wenigen Stunden in guter Qualität zu erledigen – denn dann kann sie um 19 Uhr ihren Fitnesskurs besuchen.
- Dagegen steht bei ihrem Kollegen Klever der Wert „Reichtum" ganz oben in der Hierarchie. Da er mit seinem Mandanten ein Stundenhonorar vereinbart hat, wälzt er mit Wonne viele Stunden lang die einschlägige Rechtsprechung

und diverse Kommentare. Folge: Der Mandant erhält eine Klageschrift von höchster juristischer Qualität – und eine Rechnung im fünfstelligen Bereich.

Entscheidungstricks
Wenn Sie sich trotz allem nicht entscheiden können, dann helfen Ihnen die folgenden Tricks:

* Fragen Sie sich: Wie würde eine Person, die Sie bewundern, in dieser Situation entscheiden?
* Werfen Sie eine Münze. Sie fühlen sich mit dem Ergebnis nicht wirklich wohl? Dann entscheiden Sie sich für die Alternative.
* Sprechen Sie mit jemandem über die zu treffende Entscheidung. Häufig spürt man schon beim Erzählen, welche Entscheidung die richtige ist.

5.3 Tagesplanung

Die Kenntnis Ihrer Werte, Ziele und Work-Life-Balance ist ein wichtiger Schritt zu mehr Selbstwirksamkeit. Allerdings müssen Sie dann auch dafür sorgen, dass Sie die notwendigen Dinge tun. Viele Menschen, die in rechtsberatenden Berufen tätig sind, vergessen jedoch im hektischen Tagesgeschäft, das was sie eigentlich erledigen wollten. Abends stellen sie dann ernüchtert fest, dass sie zwar den ganzen Tag beschäftigt waren, aber eigentlich kaum etwas geschafft haben. Dagegen hilft eine systematische Tagesplanung:

Tagesplan erstellen

* Nehmen Sie jeden Abend einen leeren Zettel (DIN A 4) und unterteilen Sie ihn in 2 bis 6 Themenbereiche (z. B. Mandatsarbeit, Verwaltung, Mitarbeiter, Gesundheit/Familie/Lebenssinn).
* Schreiben Sie in jeden Bereich die Aufgaben, Tätigkeiten und Termine, die Sie am nächsten Tag dafür erledigen möchten.
* Markieren Sie die Punkte, die Sie auf jeden Fall erledigen wollen (maximal 3!).
* Stecken Sie den Tagesplan am nächsten Tag in Ihre Hosen- oder Handtasche, sodass Sie ihn immer griffbereit haben.
* Schauen Sie tagsüber regelmäßig auf Ihren Tagesplan. Überfliegen Sie, was Sie schon erledigt haben und was noch offen ist.
* Streichen Sie jede erledigte Aufgabe durch.

Der allerwichtigste Punkt

Jeden Tag gibt es irgendeinen Punkt, der für Sie – für Ihre Werte, Ihre Ziele und Ihre Work-Life-Balance – am allerwichtigsten ist. Wenn Sie es schaffen, jeden Tag zumindest diese eine – wichtigste – Aufgabe zu erledigen, dann haben Sie einen Grad an Selbstwirksamkeit erreicht, der Sie weit über das Gros der durchschnittlichen Juristen hinaushebt.

Es kommt deshalb auch gar nicht darauf an, dass Sie bis zum Abend alle Punkte Ihres Tagesplans abgearbeitet haben. Der Tagesplan dient einzig dazu, Sie immer wieder auf die Aufgaben und Tätigkeit zu fokussieren, die für Sie wirklich wichtig sind. Deshalb sollte es für Sie zur Gewohnheit werden, Ihren Tagesplan im Laufe des Tages immer wieder zu überfliegen. Um diese Gewohnheit aufzubauen hilft es, wenn Sie jeden Punkt, den Sie erledigt haben, sofort durchstreichen. Denn dann schauen Sie automatisch auf Ihren Plan.

Zusammenfassung

Als Rechtsanwalt, Steuerberater oder Wirtschaftsprüfer müssen Sie sich ständig zwischen verschiedenen Alternativen entscheiden. Je nachdem, wie und wofür Sie sich entscheiden, werden die Ergebnisse unterschiedlich ausfallen. Folgende Strategien helfen Ihnen, die für Sie besten Entscheidungen zu treffen:

- Das Wichtigste zuerst
- Folgenmatrix, Eisenhower-Prinzip & Co.
- Eine systematische Tagesplanung

Lösungsorientiert denken und handeln 6

Juristen sind von Haus aus darauf trainiert, problemorientiert zu denken. Wird das zur Gewohnheit, kann es im beruflichen und privaten Alltag häufig sehr anstrengend werden. Mehr Selbstwirksamkeit und damit auch mehr Leichtigkeit in seinem Leben erreicht man ganz leicht durch einen Gedankenwechsel – hin zu lösungsorientiertem Denken und Handeln.

6.1 Reframing

Eine der einfachsten und doch wirksamsten lösungsorientierten Techniken aus dem Neuro-Linguistischen-Programmieren (NLP) ist das „Reframing". Wie der Name schon sagt, wird beim Reframing eine als schwierig oder belastend empfundene Situation neu „eingerahmt", also umgedeutet. Die Folge: Man betrachtet das Ganze aus einem anderen – positiveren – Blickwinkel.

> **Beispiel**
>
> Die junge Anwältin Karla Welder hat einen Prozess verloren, weil sie nicht wusste, dass man nach dem Schluss der mündlichen Verhandlung grundsätzlich keine weiteren Tatsachen vortragen kann. Sie ist geknickt und fühlt sich als Versagerin.

Natürlich ist das keine schöne Situation. Kaum jemand erklärt gerne seinem Mandanten eine unnötige und selbst verschuldete Niederlage – schon gar nicht, wenn dann vielleicht sogar ein Haftungsfall droht. Doch was geschehen ist, ist geschehen. Durch geschicktes Reframing findet man allerdings in jeder Situation auch positive Aspekte:

© Springer Fachmedien Wiesbaden GmbH 2017   27
J. Theurer, *Resilienz in rechtsberatenden Berufen*, essentials,
DOI 10.1007/978-3-658-17215-2_6

Beispiel

Karla Welder weiß jetzt, dass man nach dem Schluss der mündlichen Verhandlung grundsätzlich keine weiteren Tatsachen vortragen kann (1). Dieser Fehler wird ihr in Zukunft nie wieder passieren. Möglicherweise hätte der Fehler in einem anderen Verfahren noch wesentlich mehr Schaden angerichtet (2). Karla nimmt den verlorenen Prozess zum Anlass, ihre Kenntnisse in der ZPO zu vertiefen. Dadurch erweitert sie ihre Fähigkeiten und kann ihre Mandanten besser vertreten als bisher (3). Beim ZPO-Seminar lernt sie möglicherweise ihren Traummann kennen (4) usw.

Man kann unterscheiden zwischen „Bedeutungs-Reframing" und „Kontext-Reframing". Beim Bedeutungs-Reframing wird die inhaltliche Bedeutung einer Aussage oder eines Verhaltens verändert: „Wer die zusätzliche Aufgabe ablehnt, ist faul. " → „ Wer die zusätzliche Aufgabe ablehnt, ist selbstbewusst und achtet auf seine Work-Life-Balance."

Übung Bedeutungs-Reframing

1. Ergänzen Sie die Aussage:
   „Immer wenn

   _____

   passiert, reagiere ich mit

   _____."

   oder

   „_____

   bedeutet für mich

   _____."

2. Finden Sie eine neue, positive(re) Bedeutung für die erstgenannte Situation.

   _____

Beim Kontext-Reframing sucht man für eine ungeliebte Eigenschaft oder ein nicht gewolltes Verhalten einen Kontext, in dem diese Eigenschaft oder das Verhalten sinnvoll oder nützlich sind: „Ich bin viel zu schüchtern. " → „ Die Mandanten schätzen meine angenehm-zurückhaltende Art."

Übung Kontext-Reframing

1. Ergänzen Sie die Aussage:
   „Ich bin zu

   _____

2. Finden Sie einen Kontext (eine Situation), in der genau dieses Verhalten sinnvoll, positiv oder gut wäre.

Aber Achtung: Beim Reframing geht es nicht darum, die Welt durch eine rosarote Brille zu sehen. Entscheidend für ein erfolgreiches Reframing ist, dass man die Situation zunächst ganz objektiv betrachtet. Dazu gehört insbesondere, dass man die Tatsachen akzeptiert und anerkennt – selbst wenn das bedeutet, eigene Fehler einzugestehen. Diese Tatsachen werden dann aber nicht mehr ausschließlich unter einem negativen Blickwinkel betrachtet, sondern man fokussiert sich gezielt auf die positiven Aspekte und Folgen, die sich aus der Situation ergeben (können). Es gibt nichts, was ausschließlich negativ ist.

Beispiel

Denken Sie nur an den angehenden Schauspielstudenten, der seit seinem Unfall in der Sendung „Wetten dass…?" querschnittsgelähmt ist. Ohne dieses Ereignis wäre er aber vermutlich nicht so schnell so bekannt geworden. Mittlerweile hat er in diversen Theaterstücken mitgewirkt, spielt die Hauptrolle in einer Fernsehserie und hält Vorträge über sein Leben vor und nach dem Unfall.

Ich empfehle Ihnen sehr, Reframing regelmäßig zu trainieren. Zunächst kommt es Ihnen vielleicht ein wenig seltsam vor – aber bald schon wird es Ihnen zur Gewohnheit werden, jede Situation auch nach den positiven Aspekten zu befragen. Und dann wird sich Ihr Leben dramatisch verändern. Sie werden nie wieder in einer endlosen Jammerschleife festhängen. Sie werden die negativen Aspekte zwar zur Kenntnis nehmen, aber indem sich Ihr Fokus dann automatisch auf die positiven Folgen konzentriert, kommen Sie sehr schnell wieder ins Handeln. Und das bewirken Sie ganz allein. Sie ziehen sich selbst aus dem Sumpf. Und im Gegensatz zu den Geschichten vom Baron Münchhausen ist Reframing kein Märchen, sondern eine wirksame Methode mit der Sie Ihre Selbstwirksamkeit enorm steigern können.

Jetzt sind Sie an der Reihe:

1. Welche Situation oder welches Ereignis empfinden Sie als sehr belastend und ausschließlich negativ?

---

2. Betrachten Sie jeweils die objektiven Tatsachen. Was ist ganz konkret passiert?

---

3. Welche positiven Aspekte haben diese Situationen/Ereignisse trotz allem? Welche positiven Folgen können sich möglicherweise daraus entwickeln? Was würden Sie Ihrem besten Freund in dieser Situation sagen?

6.2   Wahrnehmungspositionen

Die Technik „Wahrnehmungspositionen" hilft Ihnen dabei, schwierige oder anstrengende Beziehungen zu klären – ohne dass Sie dazu gleich einen Coach oder Psychologen beschäftigen müssen. Das ist zum Beispiel dann hilfreich, wenn Sie mit einer bestimmten Person immer wieder Probleme haben und absolut nicht wissen, woran das eigentlich liegt.

Ablauf:

1. Schritt	Erinnern Sie sich an eine konkrete schwierige Situation mit der Person, mit der Sie immer wieder Probleme haben
2. Schritt	Beschriften Sie drei Zettel/Karten mit
	„ICH" (1. Position-Position – hier erleben Sie die Situation aus Ihrer Sicht)
	„DU" (2. Position – hier erleben Sie die Situation aus der Sicht der „schwierigen" Person)
	„META" (3. Position – hier erleben Sie die Situation als neutraler Beobachter von außen)
	Legen Sie die drei Wahrnehmungspositionen im Raum aus
3. Schritt	Gehen Sie in die 1. Position („ICH") – mit Blickrichtung zu Position 2 – und stellen Sie sich die Situation noch mal

	genau so vor, wie Sie sie erlebt haben. Was haben Sie genau gesehen und gehört? Was haben Sie gesagt? Wie haben Sie sich gefühlt? Wie nehmen Sie Ihr Gegenüber wahr?
4. Schritt	Gehen Sie dann in die 2. Position („DU") – mit Blickrichtung zu Position 1 – und betrachten Sie sich von außen mit den Augen des anderen. Nehmen Sie wahr, wie Sie von außen aussehen. Hören Sie, was Sie eben (in Position 1) gesagt haben. Sagen Sie dann, was der andere in der Situation gesagt hat. Bewegen Sie sich so, wie sich der andere bewegt hat. Bekommen Sie ein Gefühl dafür, wie es ist, der andere zu sein
5. Schritt	Gehen Sie in die 3. Position („META") – mit Blickrichtung zu Position 1 und 2 – und schauen Sie sich das ganze in einer neutralen Körperhaltung von außen an. Beschreiben Sie die Situation wie ein Verhaltensforscher. Was machen die beiden Personen von außen betrachtet? Was fällt einem Außenstehenden spontan ein, wenn er die beiden so sieht? Was könnte die Person in der 1. Position („ICH") anders machen?
6. Schritt	Gehen Sie dann mit diesen neuen Einsichten über Ihr Gegenüber und die Situation als Ganzes wieder in die 1. Position und verändern Sie Ihr Verhalten entsprechend. Wie fühlt es sich jetzt an?
7. Schritt	Gehen Sie dann nochmals in die 2. und 3. Position und wiederholen Sie die Schritte 4 und 5. Achten Sie darauf, was sich jeweils verändert und welche neuen Erkenntnisse Sie dadurch bekommen
8. Schritt	Wiederholen Sie das Ganze so lange, bis Sie das Gefühl haben, zu einer tieferen Einsicht über die Beziehung oder die Situation gekommen zu sein
9. Schritt	Testen Sie das gefundene Ergebnis in der Realität

6.3   Verändern von Submodalitäten

Durch das Verändern von Submodalitäten können Sie unangenehme Erfahrungen, Situationen oder Erlebnisse „entschärfen".

> **Beispiel**
> Als Frau Urban während des Jura-Studiums ein Referat halten musste, verlor sie plötzlich den Faden und wusste nicht mehr weiter. Sie hatte einen völligen Blackout. Diese Situation kommt auch jetzt – viele Jahre später – immer wieder hoch, wenn Frau Urban öffentlich einen Vortrag halten soll. Dann fühlt Sie sich wieder genauso verzweifelt und unsicher wie damals.

Unser Gehirn speichert diejenigen Situationen besonders gut ab, die für uns emotional bedeutsam sind. Das gilt sowohl für die schönen und lustvollen Erlebnisse, als auch für die unangenehmen und belastenden. An dieser Tatsache können wir nichts ändern. Was man jedoch ändern kann, ist die Intensität, mit der eine Erfahrung in Erinnerung bleibt und die Stärke, mit der wir emotional auf diese Erinnerung reagieren. Und dabei helfen uns die Submodalitäten.

Wenn Sie sich an eine bestimmte Situation erinnern, kommen Ihnen bestimmte Bilder, Stimmen, Geräusche, Klänge, Gefühle, Gerüche usw. in den Sinn („Modalitäten"). Versuchen Sie, die einzelnen Modalitäten genauer wahrzunehmen: Sehen Sie die Situation hell oder dunkel? Ist das Bild groß oder klein? Farbig oder schwarz-weiß? Bewegt oder unbewegt? Hören Sie die Geräusche von nah oder von fern? Laut oder leise? Sprechen die Stimmen hoch oder tief? Schnell oder langsam? Diese Feinunterscheidungen werden als *Submodalitäten* bezeichnet.

Das Verblüffende ist: Wenn Sie Submodalitäten gezielt verändern, verändern sich auch die Gefühle und Einstellungen zu einer erinnerten Erfahrung! Das Geschehene wird dabei zwar nicht vergessen oder verdrängt – aber es löst nicht mehr so starke negative Gefühle aus wie bisher.

In Tab. 6.1 sind die häufigsten visuellen Submodalitäten aufgeführt:

In Tab. 6.2 sind die häufigsten auditiven Submodalitäten aufgeführt:

In Tab. 6.3 sind die häufigsten kinästhetischen Submodalitäten aufgeführt:

Tab. 6.1 Visuelle Submodalitäten

Visuelle Submodalitäten (= Sehen)	
Hell	Dunkel
Nah	Fern
Groß	Klein
Klar	Verschwommen
Detail	Gesamtbild
Assoziiert (= mit den eigenen Augen sehen)	Dissoziiert (= sich selbst im Bild sehen)
2-dimensional	3-dimensional
Farbig	Schwarz-weiß
Begrenzt (= mit Rahmen)	Unbegrenzt (= ohne Rahmen)
Viel Kontrast	Wenige Kontrast
Ein Bild	Mehrere Bilder

Tab. 6.2 Auditive Submodalitäten

Auditive Submodalitäten (= Hören)	
Laut	Leise
Nah	Fern
Hoch	Tief
Voll	Flach
Schnell	Langsam
Mono	Stereo
Extern	Intern
Konstant	Unterbrochen
Monoton	Melodie
Rhythmisch	Unrhythmisch

Tab. 6.3 Kinästhetische
Submodalitäten

Kinästhetische Submodalitäten (= Fühlen)	
Kalt	Heiß
Stark	Schwach
Groß	Klein
Rauh	Glatt
Schwer	Leicht
Weich	Hart
Intern	Extern
Konstant	Unterbrochen

Ablauf:

1. Schritt Stellen Sie sich die unangenehme Erfahrung vor und gehen
           Sie noch einmal in diese Situation hinein. Nehmen Sie
           wahr, was Sie damals gesehen, gehört, gefühlt, geschmeckt
           oder gerochen haben. Achten Sie besonders auf die Submo-
           dalitäten – und halten Sie diese fest

2. Schritt Gehen Sie komplett aus der Situation raus. Laufen Sie zum
           Beispiel einmal durch den Raum oder singen/summen Sie
           eine kleine Melodie

3. Schritt Stellen Sie sich eine sehr positive Erfahrung vor. Eine Situ-
           ation, in der Sie sich wirklich hervorragend gefühlt haben.
           Selbstbewusst, fröhlich, kreativ usw. Gehen Sie dann auch
           in diese Situation wieder komplett hinein. Nehmen Sie
           wahr, was Sie damals gesehen, gehört, gefühlt, geschmeckt
           oder gerochen haben. Achten Sie besonders auf die Submo-
           dalitäten – und halten Sie diese fest

4. Schritt Vergleichen Sie jetzt die gefundenen Submodalitäten der
           beiden Situationen. Markieren Sie die Unterschiede

5. Schritt Gehen sie jetzt nochmals in die negative Erfahrung und
           verändern Sie die im Vergleich zu der positiven Erfahrung
           unterschiedlichen Submodalitäten. Machen Sie das so lange,
           bis Sie das Gefühl haben, die negative Erfahrung genügend
           entschärft zu haben

Beispiel   Sie haben bei der negativen Erfahrung im 1. Schritt direkt
vor Ihnen ein riesiges farbiges Bild wahrgenommen haben.
Dagegen war das Bild bei der positiven Erfahrung (3.
Schritt) zwar auch farbig, aber deutlich kleiner und etwas
weiter entfernt. Dann verändern Sie im 5. Schritt das Bild
der negativen Erfahrung folgendermaßen: Machen Sie es
zuerst kleiner und kleiner. Wie fühlt sich das an? Dann
schieben Sie das Bild weiter von sich weg. Was verändert
sich jetzt? Probieren Sie die unterschiedlichen Submodalitäten so lange aus, bis das negative Erlebnis genügend entschärft ist

6. Schritt   Versuchen Sie abschließend nochmals, sich die negative
Erfahrung in Erinnerung zu rufen. Das müsste jetzt deutlich
schwieriger und weniger unangenehm sein

Jetzt sind Sie an der Reihe:

1. Welche unangenehmen Erfahrungen, Situationen oder Erlebnisse würden Sie
gerne emotional entschärfen?

_____

_____

_____

_____

2. Wählen Sie eine dieser Situationen aus und gehen Sie noch einmal in diese
Situation hinein. Nehmen Sie wahr, was Sie damals gesehen, gehört und
gefühlt haben. Achten Sie besonders auf die Submodalitäten. Welche Submodalitäten gibt es?

Visuell:

_____

_____

_____

Auditiv:

_____

_____

_____

Kinästhetisch:

_____

_____

_____

3. Gehen Sie komplett aus dieser Situation raus. Laufen Sie dazu zum Beispiel einmal durch den Raum oder singen/summen Sie eine kleine Melodie.
4. In welchen Situationen haben Sie sich wirklich hervorragend gefühlt? Wann waren Sie besonders selbstbewusst, fröhlich oder kreativ?

_____

_____

_____

_____

_____

5. Wählen Sie eine dieser Situation aus und gehen Sie noch einmal in diese Situation hinein. Nehmen Sie wahr, was Sie damals gesehen, gehört und gefühlt haben. Achten Sie besonders auf die Submodalitäten. Welche Submodalitäten gibt es?
Visuell:

_____

_____

Auditiv:

_____

_____

Kinästhetisch:

_____

_____

6. Wie unterscheiden sich die Submodalitäten der negativen und der positiven Erfahrung?
Visuell:

_____

Auditiv:

_____

Kinästhetisch:

_____

_____

7. Gehen sie jetzt nochmals in die negative Erfahrung und verändern Sie die im Vergleich zu der positiven Erfahrung unterschiedlichen Submodalitäten. Machen Sie das so lange, bis Sie das Gefühl haben, die negative Erfahrung genügend entschärft zu haben.

8. Versuchen Sie abschließend nochmals, sich die negative Erfahrung in Erinnerung zu rufen. Wie fühlt sich das jetzt an? Was ist anders als beim 1. Schritt?

_____

_____

_____

_____

_____

6.4 Swish

Die von Richard Bandler – einem der Erfinder des NLP – entwickelte Swish-Technik ist sehr nützlich, wenn man störende, zwangshafte Verhaltensweisen (Rauchen, Fressattacken, Nägelkauen usw.) durch andere, „bessere" Verhaltensweisen ersetzen will. Das kann auch für Menschen in rechtsberatenden Berufen nützlich sein.

Beispiel

Wenn Rechtsanwalt Chan sich während der Erstellung eines Schriftsatzes langweilt oder nicht richtig vorankommt, klappert er die Nachrichtenseiten im Internet ab. Das dauert regelmäßig 30–60 min. Danach ärgert er sich immer sehr, denn die Arbeit muss er ja trotzdem noch erledigen. Herr Chan möchte dieses Verhalten gerne ändern. Statt sinnlos ins Internet zu gehen, will er künftig lieber die Arbeit für 2 min unterbrechen, ein paar Bewegungsübungen machen und sich vorstellen, dass es ihn 30–60 min kostet, wenn er jetzt wahllos Nachrichten liest. Anschließend will er dann die aktuelle Aufgabe fertig machen.

Ablauf:

1. Schritt	Wählen Sie eine Situation, in der Sie sich gerne anders verhalten möchten als bisher
2. Schritt	Gehen Sie in diese Situation – kurz vor dem zu ändernden Verhalten. Finden Sie dann heraus, was genau der Auslöser

ist, der dann „zwanghaft" zu dem nicht gewünschten Verhalten führt. Ab wann können Sie es nicht mehr stoppen? Visualisieren Sie den Moment, der dem unerwünschten Verhalten unmittelbar vorausgeht. Geben Sie diesem Bild einen Namen (z. B. „Bild 1")

3. Schritt   Stellen Sie sich nun ein Bild vor, in dem Sie sich selbst sehen, wie Sie das zwanghafte Verhalten hinter sich gelassen haben. Visualisieren Sie das ebenfalls. Geben Sie auch diesem Bild einen Namen (z. B. „Bild 2")

4. Schritt   Denken Sie jetzt wieder an das Auslöserbild („Bild 1"). Wenn Sie es deutlich wahrnehmen, setzen Sie das Zielbild („Bild 2") als kleinen Punkt in Bild 1

5. Schritt   Lassen Sie dann gleichzeitig Bild 1 kleiner und Bild 2 größer werden – sodass Bild 2 schließlich ganz Bild 1 bedeckt

6. Schritt   Löschen Sie dann die ganze Bildfläche (z. B. indem Sie sich eine weiße Leinwand vorstellen)

7. Schritt   Wiederholen Sie die Schritte 4. bis 6. mehrmals (5 – 10 mal) – erst langsam, dann immer schneller. Die letzten Durchgänge sollten weniger als 1 Sekunde dauern

8. Schritt   Versuchen Sie noch einmal, sich das Auslöser-Bild („Bild 1") vorzustellen. Wenn das nicht mehr funktioniert oder zumindest schwieriger ist als am Anfang, hat es funktioniert

Zusammenfassung

Juristen sind von Haus aus darauf trainiert, problemorientiert zu denken. Mehr Selbstwirksamkeit und damit auch mehr Leichtigkeit in seinem Leben erreicht man ganz leicht durch einen Gedankenwechsel – hin zu lösungsorientiertem Denken und Handeln. Das geht besonders effektiv mit den NLP-Techniken Reframing, Wahrnehmungspositionen, Verändern von Submodalitäten und Swish.

Selbstmotivation 7

Für die eigene Selbstwirksamkeit ist es enorm wichtig, dass Sie sich selbst motivieren können. Es genügt nicht, nur theoretisch zu wissen, was man anders machen soll. Um selbst wirksam zu werden müssen Sie es auch selbst tun. Das gilt sowohl für die in diesem Buch vorgestellten Techniken als auch für jedes andere wünschenswerte neue Verhalten.

Beispiel
Herr Rohnstadt sitzt jeden Tag bis zu 12 h am Schreibtisch in seiner Kanzlei. Seit Monaten hat er starke Verspannungen im Rücken, die ihn ganz hibbelig und unruhig machen. Obwohl er sich schon oft vorgenommen hat, seine Rückenmuskeln zu trainieren, hat er sich bis heute nicht in einem Fitnessstudio oder einer Rückenschule angemeldet. Er kann sich einfach nicht dazu motivieren, freiwillig eine anstrengende körperliche Tätigkeit zu beginnen.

7.1 Rationales Überlegen

Eine einfache Möglichkeit, sich selbst zu motivieren, ist rationales Überlegen. Niemand kann Sie daran hindern, Ihr Verhalten zu ändern. Wenn es Ihnen immer wieder nicht gelingt, sich zu einer bestimmten Tätigkeit zu motivieren, dann nehmen Sie sich wie einmal ganz bewusst ein paar Minuten Zeit und fragen Sie sich:

1. Zu welchem Verhalten oder welcher Tätigkeit möchten Sie sich motivieren?

2. Welche rationalen, objektiv vernünftigen Argumente gibt es, diese Tätigkeit zu tun?

© Springer Fachmedien Wiesbaden GmbH 2017
J. Theurer, *Resilienz in rechtsberatenden Berufen,* essentials,
DOI 10.1007/978-3-658-17215-2_7

3. Welche positiven Folgen würden sich daraus für Sie ergeben?

4. Wie werden Sie sich fühlen, wenn Sie diese Tätigkeit machen?
Kurzfristig:

Langfristig:

5. Wie rechtfertigen Sie es bislang vor sich, diese Tätigkeit nicht zu tun?

6. Was wird passieren, wenn Sie diese Tätigkeit nie machen? Wie werde Sie sich
dann langfristig fühlen?

7.2   Ziele öffentlich machen

Wenn rationales Überlegen allein nicht reicht, um Sie zu einem bestimmten Verhalten zu motivieren, dann machen Sie Ihr Ziel öffentlich! Teilen Sie Ihrer Fami-
lie, Ihren Freunden, Ihren Kollegen, Ihren Mandanten oder Ihrem Chef mit, was
Sie bis wann konkret verändern oder anders machen werden. Diese Strategie
funktioniert deshalb, weil wir vor anderen Menschen – evolutionär bedingt – nicht
als Schwätzer dastehen wollen, auf deren Wort man sich nicht verlassen kann. Das
hat folgenden Hintergrund: Wenn man nicht weiß, wie sich ein anderer verhält,
muss man ständig auf der Hut sein. Kann ich dem anderen trauen – oder will er
mich nur ausnutzen und mir meine Ressourcen wegnehmen? Anderen Menschen
vertrauen zu können, erleichtert das Leben ungemein. Umgekehrt gilt: Je mehr ich
aufpassen muss, weil ich nicht weiß, was ein anderer macht, umso weniger kann
ich mich den Dingen widmen, die mir eigentlich wichtig sind. Deshalb kann niemand Menschen leiden, die nicht das tun, was Sie ankündigen. Nutzen Sie diesen
simplen aber äußerst effektiven Mechanismus.

Fragen Sie sich:

1. Zu welchem Verhalten oder welcher Tätigkeit möchten Sie sich motivieren?

2. Wem könnten Sie noch heute von diesem Ziel erzählen?

Diese Strategie wirkt besonders gut, wenn Sie die Bekanntgabe Ihres Zieles mit einer Selbstäußerung verbinden und dabei etwas Persönliches von sich preisgeben: „Zuerst war ich mir auch nicht sicher, ob ich das wirklich machen soll. Aber dann habe ich mir vorgestellt, wie es wäre, wenn ich mit 50 einen Herzinfarkt bekomme – und das will ich auf keinen Fall." Die Bewunderung Ihres Gegenübers für Ihren Mut und Ihre Entschlusskraft wird Sie sehr motivieren.

Lassen Sie beim Erzählen auch keinen Zweifel daran, dass Sie es tun werden. Wenn Sie aus Angst vor einer Enttäuschung versuchen, die Erwartungen der anderen möglichst gering zu halten, kann das Ihre Motivation verringern. Denn möglicherweise glauben Sie dann selbst Ihren Äußerungen und reduzieren dadurch die Attraktivität des Ziels.

7.3 Pendeln („mentales Kontrastieren")

Wenn Sie etwas erreichen möchten, das Ihnen schwer fällt, ist die sicherste Methode das Pendeln (oder „mentales Kontrastieren"):

1. Stellen Sie sich vor, wie es sein wird, wenn Sie Ihr Ziel erreichen. Machen Sie es ganz konkret und beziehen Sie alle Sinne mit ein. Besonders wichtig: Visualisieren Sie die positiven Folgen der Zielerreichung. Was sehen Sie? Wie gut fühlen Sie sich dabei? Welche positiven emotionalen Folgen ergeben sich daraus?
2. Denken Sie jetzt an die Hindernisse, mit denen Sie auf dem Weg zum Ziel möglicherweise noch konfrontiert werden. Was könnte alles passieren? Wie können Sie mit diesen Schwierigkeiten umgehen? Welche Ressourcen und Fähigkeiten haben Sie schon? Wie können Sie sich verstärken? Wer könnte Sie dabei unterstützen?
3. Pendeln Sie dann immer wieder zwischen diesen beiden Schritten hin und her. Stellen sie sich regelmäßig vor, welche positiven Auswirkungen die Erreichung Ihres Ziels haben wird. Freuen Sie sich auf die guten Gefühle, die Sie erwarten. Und denken Sie dann ab und zu auch wieder an die Hürden, die Sie auf dem Weg zum Ziel möglicherweise noch überwinden müssen.

Die Wirksamkeit dieser Methode wurde in vielen wissenschaftlichen Studien nachgewiesen. Wenn Sie sich an den positiven Folgen Ihres Ziels erfreuen, bewertet Ihr Unterbewusstsein den Zielzustand als emotional gut und wünschenswert. Wenn Sie die möglicherweise noch auftretenden Hindernisse bedenken, wird Ihnen klar, dass es noch notwendig ist, Zeit und Energie zu investieren. Das führt zu einer stärkeren Selbstverpflichtung auf das Ziel hin. Zudem kann Ihr Unterbewusstsein dann selbstständig und kreativ nach effektiven Wegen zum Ziel suchen – was häufig sehr viel wirksamer ist, als angestrengtes Nachdenken.

Übung – Pendeln

1. Wofür möchten Sie sich motivieren?

   _____

2. Welche positiven Folgen und guten Gefühle hat es, wenn Sie das Ziel erreichen?

   _____

   _____

   _____

3. Welche Schwierigkeiten könnten Ihnen auf dem Weg zu Ziel begegnen?

   _____

   _____

   _____

4. Pendeln Sie einige Male zwischen den Schritten 2. und 3. hin und her. Lassen Sie anschließend die ganze Sache gedanklich los und warten Sie ab, was passiert. Ihr Unterbewusstsein wird Sie in die richtige Richtung führen. Unterstützen Sie es, indem Sie ab und zu wieder an die positiven (emotionalen) Folgen und die möglicherweise noch auftretenden Schwierigkeiten denken.

7.4   Vorbilder suchen

Um sich selbst zu motivieren, sind Vorbilder sehr nützlich und hilfreich. Überlegen Sie welche reale, fiktive oder historische Person genau das erfolgreich gemacht hat, was Sie tun oder erreichen wollen. Beschäftigen Sie sich ausführlich mit dieser Person, sprechen Sie mit ihr oder lesen Sie ihre Biografie – und Sie werden die außergewöhnliche Motivation übernehmen, die es Ihrem Vorbild ermöglichte, das Ziel zu erreichen.

Diese Strategie funktioniert umso besser, je ähnlicher und sympathischer Ihnen die Person ist. Hilfreich ist auch, wenn Ihr Vorbild ein hohes Prestige hat und allgemein anerkannt und bewundert wird. Hintergrund dafür ist, dass

Menschen vor allem die Dinge und Personen positiv bewerten, die mit ihrem erweiterten Selbst zusammenhängen oder die geeignet sind, das eigene Selbst aufzuwerten.

1. Schritt	Suchen Sie sich ein Vorbild, das Ihnen sympathisch ist und mit dem Sie sich identifizieren können
2. Schritt	Welche Gemeinsamkeiten haben Sie? Es kann ausreichen, dass Sie denselben Vornamen oder am gleichen Tag Geburtstag haben

Übung – Vorbilder suchen

1. Wofür möchten Sie sich motivieren?

   _____

2. Welche Person ist dafür ein geeignetes Vorbild?

   _____

3. Was haben Sie mit dieser Person gemeinsam?

   _____

   _____

   _____

7.5   Gewohnheiten aufbauen

Wenn Sie sich langfristig für etwas motivieren möchten, sollten Sie sich das entsprechende Verhalten zur Gewohnheit machen. Denn Gewohnheiten entlasten. Sie laufen automatisch ab, ohne dass man noch bewusst daran denken muss. Wenn etwas zur Gewohnheit geworden ist, braucht die entsprechende Handlung nicht einmal mehr attraktiv zu sein, damit wir sie ausführen. Das ist gerade bei (körperlich) anstrengenden Verhaltensweisen sehr hilfreich.

Beispiel

Rechtsanwalt Godewin geht seit 5 Jahren jeden Mittwoch und jeden Sonntag zum Krafttraining – ohne Ausnahme. Früher hat er manchmal noch nach Ausreden gesucht („Heute ist es zu warm", „Vielleicht bin ich ein bisschen erkältet", „Der Schriftsatz muss unbedingt fertig werden"), aber heute ist es einfach selbstverständlich, dass er zum Training geht. Die Frage des „ob" stellt er sich gar nicht mehr.

Übung – Gewohnheiten aufbauen

1. Welche positiven und nützlichen Gewohnheiten haben Sie?

   _____

   _____

   _____

2. Welche Ihrer Gewohnheiten würden Sie gerne ändern?

   _____

   _____

   _____

3. Welche neuen Gewohnheiten würden Ihnen helfen, Ihre Ziele noch besser zu erreichen?

   _____

   _____

   _____

Zusammenfassung

Für die eigene Selbstwirksamkeit ist es enorm wichtig, dass Sie sich selbst motivieren können. Es genügt nicht, nur theoretisch zu wissen, was man anders machen soll. Um selbst wirksam zu werden müssen Sie es auch selbst tun. Dabei helfen Ihnen die in diesem Kapitel vorgestellten Strategien:

- Rationales Überlegen
- Ziele öffentlich machen
- Pendeln („mentales Kontrastieren")
- Vorbilder suchen
- Gewohnheit aufbauen

Die Konzentrationsfähigkeit steigern 8

Menschen in rechtsberatenden Berufen werden bei ihrer Arbeit regelmäßig unterbrochen. Ob gedankliches Abschweifen oder äußere Störungen wie Telefonanrufe, eingehende E-Mails oder Kollegenbesuche – in den meisten Kanzleien ist es üblich, dafür die aktuelle Aufgabe zu unterbrechen. Und zwar nicht nur ein oder zweimal am Tag, sondern dutzendfach. „Aber das sind doch jeweils nur ein paar Minuten… das ist gut für das Betriebsklima… das ist Mandantenservice…" – kann sein. Aber diese vielen kleinen Störungen haben Konsequenzen. Jede Unterbrechung kostet Zeit. Und jede Unterbrechung senkt die Konzentrationsfähigkeit.

Die ständigen Unterbrechungen führen zu einer verstärkten Erregung. Dann fällt es immer schwerer, Störungen auszublenden und zwischen Wichtigem und Unwichtigem zu unterscheiden. Das Bewusstsein springt wahllos zu jedem neuen Reiz hin. Dadurch steigt die Erregung weiter was letztlich zu einem Teufelskreis führt. Die Folge: Man verliert die Fähigkeit, seinen selbst gewählten Vorhaben zu folgen. Man bleibt nicht konsequent bei der Sache, sondern lässt sich ablenken und beschäftigt sich mit anderen Dingen. Am Abend stellt man dann fest, dass man zwar den ganzen Tag an vielen verschiedenen Aufgaben gearbeitet, aber keine fertig gemacht hat. Man war mit vielen kleinen Dingen beschäftigt, aber was hat man eigentlich erreicht?

Doch keine Sorge: Auch für diesen Bereich gibt es eine effektive Möglichkeit: Steigern Sie Ihre Konzentrationsfähigkeit. Dann sind Sie besser in der Lage, bei der aktuellen Aufgabe zu bleiben. Sie können gedanklich schneller zwischen verschiedenen Aufgaben wechseln (während Sie diktieren ruft ein Mandant wegen einer völlig anderen Sache an). Und Sie können nach einer Unterbrechung schneller an der ursprünglichen Aufgabe weiterarbeiten (nach Beendigung des Gesprächs diktieren Sie nahtlos weiter).

© Springer Fachmedien Wiesbaden GmbH 2017
J. Theurer, *Resilienz in rechtsberatenden Berufen*, essentials,
DOI 10.1007/978-3-658-17215-2_8

8.1   Kein Multitasking!

Wir können unsere bewusste Aufmerksamkeit immer nur auf einen Punkt gleichzeitig richten. Multitasking funktioniert nur dann, wenn man eine der Tätigkeiten praktisch unbewusst ausüben kann. Sobald mehrere Tätigkeiten unsere gesamte Aufmerksamkeit beanspruchen, springt die Aufmerksamkeit ständig hin und her. Das ist anstrengend und führt zu mehr Fehlern. Auf Dauer kostet solches Pseudo-Multitasking deshalb wesentlich mehr Zeit, als man vermeintlich durch die gleichzeitige Ausführung zweier Tätigkeiten spart. Deshalb: Versuchen Sie nie, zwei anspruchsvolle Dinge gleichzeitig zu machen!

8.2   Physische Faktoren

Die Konzentration hängt vor allem von der Funktionsfähigkeit des Gehirns ab. Um gut zu funktionieren braucht unser Gehirn vor allem Sauerstoff, Energie und Wasser. Trinken Sie deshalb während der Arbeit genügend (Leitungs-)Wasser – jeden Tag mindestens 2 L. Koffein entzieht dem Körper Wasser. Für jede Tasse Tee oder Kaffee sollten Sie deshalb die gleiche Menge (Leitungs-)Wasser zusätzlich trinken. Sorgen Sie für genügend Sauerstoff in Ihrem Büro. Machen Sie rechtzeitig Pausen (auch in Besprechungen). Schon fünf Minuten alle zwei Stunden wirken sich auf Ihre Konzentration spürbar aus. Wenn es geht, machen Sie einen kurzen Spaziergang. Sie erhalten eine anregende Sauerstoffdusche, bauen Stress ab und können ungestört über ein aktuelles Mandat nachdenken. Schon nach 10 bis 20 min sind Sie wieder wesentlich konzentrierter. Achten Sie auch auf Ihre Ernährung. Bei gutbürgerlicher Kost benötigt der Körper anschließend ca. 70 % der Energie für die Verdauung. Die Folge ist das bekannte Tief nach der Mittagspause („Suppenkoma"). Je mehr Rohkost Sie essen (vor allem Obst und Nüsse), desto schneller sind Sie wieder voll einsatzbereit und können konzentriert weiterarbeiten.

8.3   Räumen Sie in Ihrem Kopf auf

Jede unerledigte Aufgabe, die man (mental) mit sich herumschleppt, belastet das Arbeitsgedächtnis – auch dann, wenn man nicht permanent daran denkt. Denn immer wieder setzt man sich dann doch in Gedanken damit auseinander. Das kostet Energie und Konzentration, die dann an anderer Stelle fehlt. Durch folgende

Übung können Sie die Altlasten in Ihrem Gehirn entsorgen und dadurch Ihre Konzentrationsfähigkeit steigern:

1. Schritt Schreiben Sie alle unerledigten Projekte, Ideen und Aufgaben auf, die in Ihrem Gehirn herumschwirren. Schreiben Sie wirklich alles auf: Berufliches und Privates, Wichtiges und Unwichtiges. Das kann durchaus eine Stunde und länger dauern
2. Schritt Gehen Sie dann anschließend Ihre Aufzeichnungen nochmals durch und entscheiden Sie für jeden einzelnen Punkt, was Sie damit tun werden:

- sofort erledigen,
- einen konkreten Zeitpunkt festlegen, an dem Sie sich um die Sache kümmern werden oder
- den Punkt unerledigt streichen.

Es ist durchaus sinnvoll, diese Übung in regelmäßigen Abständen zu wiederholen (z. B. einmal im Monat).

8.4 Gehirntraining

Die für die Aufmerksamkeit zuständigen Gehirnbereiche kann man – wie einen Muskel – trainieren. Stellen Sie Ihr Gehirn immer wieder vor völlig neue Aufgaben und fordern Sie es über die bisherige Leistungsgrenze hinaus. Dafür eignen sich geistig anspruchsvolle Tätigkeiten (z. B. Schach) oder spielerische Bewegungsübungen wie Brainkinetik®.

Brainkinetik®-Grundübung
1. Nehmen Sie in jede Hand einen kleinen Ball. Halten Sie die Arme parallel vor dem Körper.
2. Werfen Sie die Bälle senkrecht nach oben (Abb. 8.1).
3. Überkreuzen Sie die Arme, während die Bälle in der Luft sind.
4. Fangen Sie die Bälle dann mit überkreuzten Armen auf (Abb. 8.2). Achtung: Nur die Arme kreuzen sich, nicht die Bälle!
5. Werfen Sie dann die Bälle mit überkreuzten Armen senkrecht nach oben.
6. Nehmen Sie die Arme wieder parallel, während die Bälle in der Luft sind. Fangen Sie die Bälle mit parallelen Armen auf. Dann geht es wieder von vorne los.

Abb. 8.1 Arme parallel, Bälle senkrecht hochwerfen

Wenn das klappt, steigern Sie die Schwierigkeit:

- Gehen Sie während der Grundübung im Raum herum. Langsam. Schnell. Vorwärts. Rückwärts. Seitwärts.
- Sagen Sie bei jedem Überkreuzfangen laut eine Reihe aus dem kleinen oder großen Einmaleins auf. Erst vorwärts, dann rückwärts.
- Wählen Sie ein Thema und sagen Sie bei jedem Überkreuzfangen einen Begriff, der dazu passt. Erst beliebig, dann in alphabetischer Reihenfolge (Aufrechnung – BGB – c.i.c. – Drittschadensliquidation…), dann rückwärts (Zacharias – Yolanda - Xaver …).
- Sie können auch zu zweit trainieren. Während Sie die Grundübung ausführen, spielt Ihr Partner Ihnen einen Ball zu. Sie stoppen den Ball mit einem Fuß und schießen ihn zurück – ohne die Grundübung zu unterbrechen.

Um effektiv Synapsen aufzubauen, genügt es jede Woche einmal 45 min zu trainieren. Nach vier Wochen sollten Sie die ersten Unterschiede bemerken. Und wenn Sie tagsüber viel Stress haben, genügen fünf bis zehn Minuten Brainkinetik® und Sie fühlen sich deutlich frischer und erholter.

Abb. 8.2 Arme überkreuzen, Bälle fangen

Zusammenfassung

Menschen in rechtsberatenden Berufen werden bei ihrer Arbeit regelmäßig unterbrochen. Jede Unterbrechung senkt die Konzentrationsfähigkeit. Dadurch wird es immer schwerer, Störungen auszublenden und zwischen Wichtigem und Unwichtigem zu unterscheiden. Man verliert die Fähigkeit, seinen selbst gewählten Vorhaben zu folgen. Man bleibt nicht konsequent bei der Sache, sondern lässt sich ablenken und beschäftigt sich mit anderen Dingen. Am Abend stellt man dann fest, dass man zwar den ganzen Tag an vielen verschiedenen Aufgaben gearbeitet, aber keine fertig gemacht hat. Dagegen gibt es ein effektives Mittel: Die Steigerung der Konzentrationsfähigkeit. Das können Sie effektiv mit den in diesem Kapitel vorgestellten Strategien erreichen:

- Kein Multitasking!
- Physische Faktoren
- Räumen Sie in Ihrem Kopf auf
- Gehirntraining

Gelassen bleiben 9

Die folgenden Strategien helfen Ihnen, langfristig gelassen zu bleiben – auch wenn die Anforderungen an Sie mal wieder stark ansteigen.

9.1 „Nein" sagen

Rechtsanwälte, Steuerberater und Wirtschaftsprüfer haben häufig viel zu tun. Zusätzliche Aufgaben, die man sich von anderen aufdrängen lässt, führen deshalb nicht selten zu Zeitnot und Stress. Trotzdem fällt es vielen schwer, gegenüber anderen Menschen „Nein" zu sagen. Dafür sind häufig (unbewusste) Glaubenssätze und Ängste verantwortlich: „Wenn ich Nein sage, dann lässt sich mein Mandant von einer anderen Kanzlei beraten" oder „Eine Aufgabe abzulehnen bedeutet, keine Lust zu haben oder faul zu sein". Manchmal überschätzt man aber auch einfach seine zeitlichen Ressourcen oder wird gar überrumpelt. Damit Ihnen das in Zukunft nicht mehr passiert, stelle ich Ihnen jetzt die „7 Stufen zum perfekten Nein" vor.

Bitten Sie um Bedenkzeit
Das wichtigste ist, sich nicht gleich überrumpeln zu lassen. Gewöhnen Sie sich deshalb an, auf spontane Anfragen zunächst einmal um eine kurze Bedenkzeit bitten: „Da muss ich erst in meinem Kalender nachschauen. Ich melde mich in einer Stunde nochmal."

Entscheiden Sie: Ja oder Nein?
Anschließend überlegen Sie, ob Sie die Aufgabe wirklich übernehmen wollen und können. Was bringt es Ihnen, die Aufgabe zu übernehmen? Was können Sie

© Springer Fachmedien Wiesbaden GmbH 2017
J. Theurer, *Resilienz in rechtsberatenden Berufen*, essentials,
DOI 10.1007/978-3-658-17215-2_9

nicht tun, wenn Sie diese Aufgabe übernehmen? Was passiert realistischerweise (schlimmstenfalls), wenn Sie ablehnen? Wenn Sie sich dann überlegt gegen die Aufgabe entscheiden, wirkt Ihr „Nein" für den anderen sachlich fundiert und damit weniger hart.

Wertschätzen Sie die Bitte des anderen
Verpacken Sie Ihr Nein geschickt: Wertschätzen Sie die Bitte des anderen, aber bleiben Sie hart in der Sache: „Ich würde ja gerne…, aber heute geht es leider gar nicht." Garnieren Sie Ihr Nein mit einem gewissen Verständnis für die Situation des anderen: „Ich weiß, dass Du gerade viel zu tun hast. Und ich finde es wirklich bewundernswert, wie Du das alles schaffst. Deshalb bedauere ich es umso mehr, dass ich Dir gerade jetzt nicht helfen kann."

Eine Frage des Prinzips
Machen Sie dem anderen deutlich, dass Ihr „Nein" nicht auf einer persönlichen Abneigung gegen ihn beruht. Dazu eignen sich am besten Grundsatzerklärungen: „Ich rechne grundsätzlich nur nach Stundensätzen ab" oder „Ich vertrete aus Prinzip keine Behörden."

„Hm…"
Werden Sie doch einmal von einer spontanen Anfrage überrumpelt, dann sagen Sie zuerst nur „Hm…". Tun Sie für ein paar Sekunden so, als würden Sie über die Angelegenheit nachdenken. Dann sagen Sie einfach „Nein". Wieder gilt: Wenn der andere glaubt, dass Sie nicht aus persönlichen sondern aus rationalen und sachlichen Gründen absagen, fällt es ihm leichter, das Nein zu akzeptieren.

Drücken Sie das „Nein" richtig aus
Wichtig ist, dass der andere Ihr Nein auch ernst nimmt. Verwenden Sie deshalb Worte, die klar machen, dass es an Ihrem Nein nichts zu rütteln gibt. Statt: „Eigentlich mache ich so etwas nicht…", besser: „Herr Meier, leider geht das heute gar nicht." Und ganz wichtig: Rechtfertigen Sie sich nicht für die Absage – das führt nur zu weiteren Diskussionen, an deren Ende Sie dann doch meistens einknicken.

„I would prefer not to …"
Die höchste Kunst des Neinsagens besteht darin, einfach Nein zu sagen, wenn Sie etwas nicht tun möchten. Machen Sie sich dazu bewusst, dass es immer um Ihre Lebenszeit geht. Jede Aufgabe, die Sie zusätzlich von anderen übernehmen, kostet Zeit – Ihre Zeit. Und diese Zeit fehlt dann an anderer Stelle. Nehmen Sie sich

in diesem Punkt den Titelhelden in Herman Melvilles Erzählung „Bartleby der Schreiber" zum Vorbild.

9.2 Mut zur Lücke

Menschen in rechtsberatenden Berufen müssen häufig umfangreiche und sehr komplexe Aufgaben bearbeiten. Dabei ist am Anfang oft nicht absehbar, wie der Weg zum Ziel genau aussehen wird. Das führt dazu, dass manche Rechtsanwälte, Steuerberater und Wirtschaftsprüfer bestimmte Dinge ständig vor sich herschieben. Irgendwann ist der Berg unerledigter und ungeliebter Aufgaben dann so groß, dass man sich hoffnungslos, verzweifelt und wie gelähmt fühlt. Doch das muss nicht sein:

Legen Sie den konkreten nächsten Schritt fest
Ganz egal, was Sie tun und wie schwierig oder umfangreich die Aufgabe erscheint: Legen Sie immer den konkreten nächsten Schritt fest – und sei er auch noch so klein. Das gilt sowohl am Beginn einer Tätigkeit, als auch wenn Sie eine Akte weglegen. Wie dieser nächste Schritt aussieht, hängt vom Stand der jeweiligen Angelegenheit ab. Wenn z. B. ein 100-seitiger Schriftsatz der Gegenseite eingetroffen ist, besteht der konkrete nächste Schritt nicht darin, eine 150-seitige Stellungnahme zu erstellen (das ist möglicherweise das Endziel). In diesem Fall besteht der nächste Schritt vielmehr darin, den Schriftsatz erst einmal zu lesen. Dann entscheiden Sie, ob und wie Sie darauf antworten. Anschließend legen Sie fest, welche Punkte in Ihrem Schriftsatz stehen sollen und recherchieren die noch fehlenden Informationen usw.

Der Vorteil dieser Strategie ist: Zum einen wissen Sie immer genau, was Sie als Nächstes zu tun haben. Zum anderen steht die Aufgabe dann nicht wie ein unüberwindbarer Block vor Ihnen, der unendlich viel Zeit kosten wird. Das erleichtert es Ihnen, überhaupt damit anzufangen. Und während Sie anfangen, sucht Ihr Unterbewusstsein schon nach weiteren Möglichkeiten. Schon deshalb ist es so wichtig, dass Sie mithilfe des konkreten nächsten Schrittes immer wieder ins Handeln kommen.

Korrigieren und verbessern Sie
Den meisten Menschen fällt es wesentlich leichter, bestehende Texte zu verbessern, als ganz neue Texte zu entwerfen. Das können Sie nutzen, um (längere) Schriftsätze effektiv und effizient zu erstellen. Sobald Sie einen Überblick haben, was in den Schriftsatz soll, diktieren Sie schnell einen ersten Entwurf.

Verschwenden Sie dabei keine Zeit mit einzelnen Formulierungen und lassen sie manche Stellen ggf. noch frei („[...]"). Schon während Sie diktieren, wird Ihr Unterbewusstsein nach weiteren Ideen suchen. Sobald die erste Fassung vor Ihnen liegt, wissen Sie auch, dass die Aufgabe zu schaffen ist. Das entlastet zusätzlich.

Setzen Sie sich Grenzen

Es gibt zu jeder rechtlichen Frage praktisch unendlich viele Informationen – seien es Kommentare, Aufsätze oder Gerichtsentscheidungen. Niemand kann alles lesen, was für eine bestimmte Aufgabe relevant sein könnte. Setzen Sie sich deshalb bei allen juristischen Tätigkeiten eine zeitliche und inhaltliche Grenze.

Online-Datenbanken verführen dazu, viele vermeintlich relevante Entscheidungen anzuklicken. Lassen Sie das. Wenn Sie auf andere interessante Informationen stoßen, die nicht mit Ihrer aktuellen Frage zusammenhängen, dann schreiben Sie diese auf und kümmern sich später darum.

9.3   Nützliche Glaubenssätze über Recht

Menschen in rechtsberatenden Berufen neigen mitunter dazu, Ihre Arbeit zu überdramatisieren. Die Folge ist: Viele Rechtsanwälte, Steuerberater und Wirtschaftsprüfer arbeiten deutlich länger, als sie eigentlich möchten. Ihre Gesundheit, ihr Privatleben und Ihre Work-Life-Balance sind nicht ideal. Ängste, Stress und Zeitnot fordern immer mehr Raum, während es an Entspannung, Freude und Gelassenheit fehlt. Es kann helfen, einmal einen Schritt zurückzutreten und die ganze Sache objektiv zu betrachten:

Es liegt nie in Ihrer Hand

Juristische Fragen lassen sich nie mit „Ja" oder „Nein" beantworten. Rechtliche Positionen sind immer nur mehr oder weniger überzeugend. Daraus folgt, dass Sie es als Rechtsanwalt, Steuerberater oder Wirtschaftsprüfer gar nicht in der Hand haben, welche rechtlichen Folgen Ihren Mandanten letztlich treffen werden. Das liegt vielmehr stets in der Hand des zuständigen Richters. Dieser kann praktisch jede Entscheidung juristisch korrekt begründen. Selbst wenn Sie 50 h in einen Schriftsatz investieren und alle einschlägigen Urteile und Aufsätze verarbeiten, kann der Richter Ihre Argumente mit einem einzigen Gegenargument verwerfen. Machen Sie das sich und Ihren Mandanten klar.

Es geht nie um Leben oder Tod

Wenn Sie in einem rechtsberatenden Beruf tätig sind, geht es – in Ihrem Einflussbereich – nie um Leben oder Tod. Sie sind kein Notarzt oder Herzchirurg. Ihre Aufgabe ist es, Menschen zu beraten. Die endgültige Entscheidung liegt aber nicht bei Ihnen. Dafür sind andere zuständig (Richter, Gesetzgeber, SEK-Beamte).

Wenn Sie diese beiden Glaubenssätze beherzigen, können Sie in jeder Situation locker und gelassen bleiben. Denn das schlimmste, was Ihnen passieren kann, ist ein Haftungsfall. Und das schlimmste, was Ihren Mandanten durch einen Fehler von Ihnen passieren kann, ist eine Fristversäumnis. Alles andere liegt außerhalb Ihrer Macht. Sie haben deshalb jedes Recht der Welt, zuerst an Ihre Lebenszufriedenheit, an Ihre Gesundheit und an Ihre Work-Life-Balance zu denken.

Zusammenfassung

Um auch in stressigen Situationen ruhig und gelassen zu bleiben, helfen Ihnen die in diesem Kapitel vorgestellten Strategien:

- „Nein" sagen
- Mut zur Lücke
- Nützliche Glaubenssätze über Recht

Was Sie aus diesem *essential* mitnehmen können

- Menschen in rechtsberatenden Berufen können Ihre Resilienz mit den richtigen Techniken deutlich erhöhen.
- Wichtige Kompetenzen für mehr Selbstwirksamkeit sind Ziele definieren, Prioritäten setzen sowie lösungsorientiertes Denken und Handeln.
- Wer sich selbst motivieren und seine Konzentrationsfähigkeit steigern kann, wird langfristig zufriedener sein und gelassener leben.

© Springer Fachmedien Wiesbaden GmbH 2017   57
J. Theurer, *Resilienz in rechtsberatenden Berufen*, essentials,
DOI 10.1007/978-3-658-17215-2

Weiterführende Literatur

Allen D (2015) Wie ich die Dinge geregelt kriege: Selbstmanagement für den Alltag. Piper, München

Dilts R (2016) Die Magie der Sprache: Sleight of Mouth – Angewandtes NLP. Junfermann Verlag, Paderborn

Martens J-U (2011) Praxis der Selbstmotivierung: Wie man erreichen kann, was man sich vornimmt. Kohlhammer, Stuttgart

Mohr J (2005) Im Gleichklang der Kräfte: Gesundheit leben – Leistung optimieren – Ziele erreichen. Edition Erfolg Verlag, Augsburg

O'Connor J, Seymour J (2015) Neurolinguistisches Programmieren: Gelungene Kommunikation und persönliche Entfaltung. VAK, Kirchzarten

Theurer J (2014) Zeitmanagement für Rechtsanwälte, Steuerberater und Wirtschaftsprüfer: Weniger Stress – mehr Effizienz – mehr freie Zeit. SpringerGabler, Wiesbaden

© Springer Fachmedien Wiesbaden GmbH 2017
J. Theurer, *Resilienz in rechtsberatenden Berufen*, essentials,
DOI 10.1007/978-3-658-17215-2

Printed in the United States
By Bookmasters